Tiphaine Muller

LITTLE MISS PEDALS

20 000 km à vélo à travers l'Europe et l'Afrique

© Tiphaine Muller, 2019

Illustration couverture : © Slobodan Zovko
Photo 4e de couverture : © Martin Kapfhammer

ISBN : 978-2-9567941-0-3

TABLE DES MATIÈRES

PARTIE 1. L'EUROPE

1. Au revoir Paris, bonjour aventure 8
2. Direction Stockholm, premier objectif 18
3. Nature sauvage en Suède et Finlande 30
4. Les pays Baltes, Estonie et Lettonie 40
5. Direction le Sud via Lituanie et Pologne 48
6. Cracovie-Budapest à deux, puis Serbie 60
7. À travers les Balkans 72
8. Le long de la côte de l'Albanie à la France 82

PARTIE 2. L'AFRIQUE

1. De l'Europe à la porte du Sahara par le Maroc 104
2. La traversée du Sahara 124
   L'indulgent désert marocain 124
   Le Sahara Occidental 134
   Le redoutable désert mauritanien 156
3. Difficultés dans les premiers pays subsahariens 166
4. L'Afrique de l'Est : Kenya, Ouganda, Rwanda 180
5. Dans les zones rurales de Tanzanie puis au Malawi 196
6. En Zambie après un an de voyage 216
7. Dernière ligne droite de Kazungula à Windhoek 232

PARTIE 1. L'EUROPE

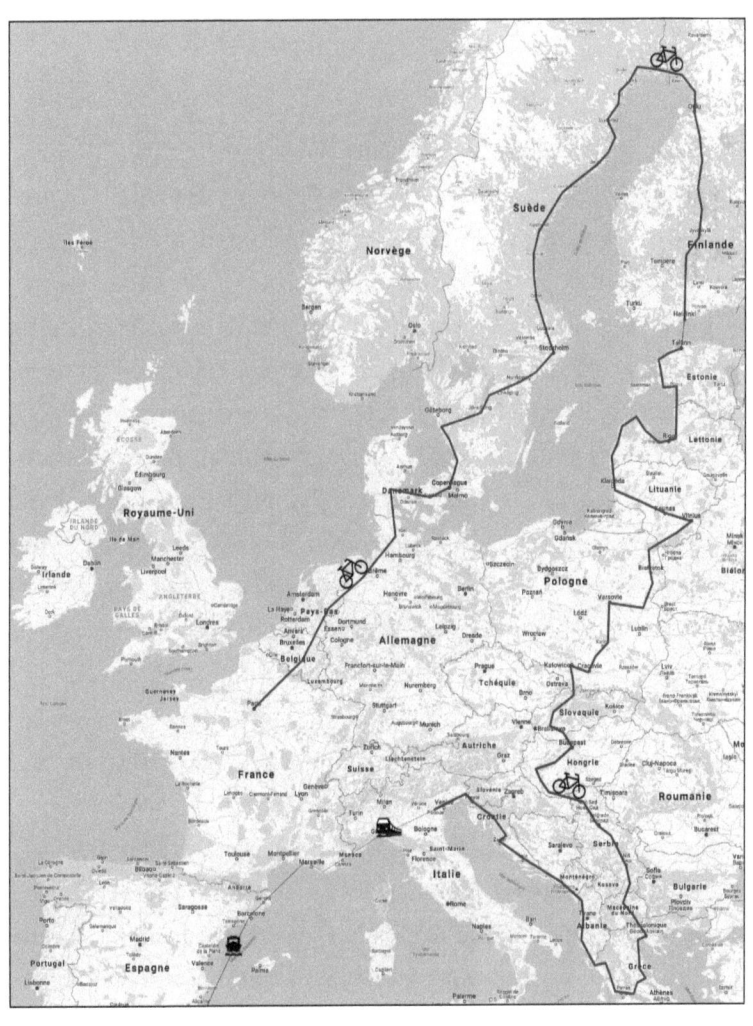

CHAPITRE 1

Au revoir Paris, bonjour aventure

2 juin 2017, début de l'aventure. C'est mon anniversaire. 23 ans. Je veux me faire ce cadeau et quitter Paris précisément aujourd'hui. J'ai en tête de voyager en Europe depuis déjà un moment. Après quinze mois en Océanie, je veux maintenant découvrir ce qui est à côté de moi. L'Europe, mon continent, voyons ce que tu as à offrir ! De retour de vadrouille à travers l'Australie, la Nouvelle-Zélande, l'Indonésie et les Fidji des étoiles plein les yeux, les cinq mois passés à Paris ont été difficiles. Je suis à nouveau prise dans une routine, et surtout dans une société dans laquelle je ne me retrouve pas, où je n'ai pas ma place. J'ai donc senti ce besoin de partir à nouveau. Rapidement. Mais il me faut de l'argent. Vendeuse de chocolat ? Pourquoi pas. Peu importe en fait, il me faut juste de l'argent, pour repartir à nouveau. Mais ces quelques mois ont suffi à me déprimer et à me faire douter. Je sais que je veux partir mais je ne sais pas pourquoi. Je repousse constamment la date de départ. La société essaye de me reprendre. Et si, après tout, il valait mieux que je reste ? Mais non, je ne suis pas heureuse ici, je le sais. Puis une séparation : c'est le moment idéal. Démission, préparation, départ. Je mets tout en place rapidement pour éviter que les doutes prennent le dessus. Le projet est flou car il n'y a pas d'échéance, ni de destination finale. Mon premier objectif est Stockholm. C'est l'été, donc pour

éviter la chaleur, mieux vaut aller au Nord. La Scandinavie m'attire, et la capitale de la Suède est seulement à 2000 km. Un bon début, pour voir si ça me plaît. C'est la seule décision concernant mon voyage que je prends à ce moment là.

Mais aussi de voyager à vélo. Un peu de défi, c'est plus amusant. J'ai découvert le plaisir du voyage à vélo en Australie. Je n'aime pas conduire et surtout je n'avais pas envie de dépenser mon argent pour acheter un van, comme il est courant de faire là-bas. Par chance, je suis tombée sur le blog d'un homme qui avait pédalé en Australie. Au début, je me suis dit que c'était complètement fou. À vélo ? Mais c'est insensé ! En même temps, j'ai ressenti une grande excitation au fond de moi. Ce genre de sensation quand tu sais que le projet est un peu fou, mais que ça te donne encore plus envie, et que tu feras tout ce qu'il faut pour le réaliser. Je pense que c'est ce qu'on appelle un rêve, et j'en ai été frappée instantanément, sans le voir arriver. À partir de ce moment, j'ai commencé à dévorer blogs, forums, livres sur le voyage à vélo. Puis j'ai pédalé 1500 km de Perth à Espérance, tout en sachant que ce ne serait pas le seul voyage.

Me voilà donc maintenant en route pour ma seconde expédition, soutenue par mes sportifs de parents les deux premiers jours. Je suis un peu stressée. Pas de raison particulière, mais pédaler vers l'inconnu provoque forcément un peu d'appréhension. Je suis rassurée que mes parents soient là. Mais en même temps, cela me rajoute une pression. Je dois leur montrer que je peux le faire, qu'une fois sans eux je m'en sortirai.

Enfin, que l'on s'en sortira. Parce que je ne serai pas vraiment seule. Je serai avec ce fameux vélo, et ça c'est un peu rassurant. J'ai acheté mon deux-roues seulement deux semaines avant de partir, après avoir cherché dans tout le quartier celui qui me conviendrait. Je suis tombée dessus dans la dernière boutique et il m'a tout de suite plu. C'est un grand Winora blanc, qui a l'air fort et résistant. Pour un budget de 450 euros, c'était l'opportunité idéale. J'ai fait un tour avec, et il m'a fait bonne impression, alors je n'ai pas réfléchi plus que ça. Peut-être que j'aurais dû, mais je m'y connais si peu que je pouvais difficilement me poser les bonnes questions. Je l'ai ramené chez moi et mes parents l'ont tout de suite validé. Ils avaient l'air aussi contents que moi. J'avais enfin mon compagnon de voyage ! Quel soulagement. Les jours suivants, il est resté au chaud dans ma chambre à se reposer avant la grande aventure. Et je me surprenais parfois à simplement le regarder, l'admirer, très excitée à l'idée de ce que j'allais vivre avec lui.

 Puis arrive le jour J. C'est l'heure. Nous partons tous les trois, mes parents et moi, le long du canal de l'Ourcq, sur une superbe piste cyclable qui permet de quitter Paris sans encombre. C'est agréable de commencer ainsi, pour s'habituer un peu plus au vélo. Avec tous les bagages, à savoir deux sacoches et un sac à dos à l'arrière plus un panier rempli de doudous à l'avant, c'est un équilibre totalement différent. C'est aussi bien plus simple de suivre un itinéraire tracé. Sans Smartphone, il est difficile d'éviter les grands axes chargés autour de la capitale. Bien sûr, j'ai acheté un GPS[1] vélo, mais malheureusement je ne sais pas encore bien l'utiliser. La route qu'il suggère n'est pas agréable du tout. Heureusement, papa et maman sont là pour me guider, une fois que nous quittons la piste cyclable. Je me sens assistée, je ne peux même pas trouver le chemin par moi-même. Nous parcourons 80 km aujourd'hui. Nos jambes sont lourdes. Mais nous sommes récompensés par un dîner dans un bon

---
[1] Global Positioning System

restaurant. Une meilleure façon de célébrer mon anniversaire. L'an dernier, j'étais seule avec mon vélo dans le bush australien pour l'occasion. Mon compagnon de voyage m'avait quittée le matin même.

J'avais prévu de faire le voyage de Perth à Espérance, en Australie de l'Ouest, seule. Mais un jeune homme rencontré quelques mois auparavant avait demandé à se joindre à moi. Je me suis dit que ce serait sympa de pédaler à deux, alors j'ai accepté, sans trop réfléchir. Nous avons passé de bons moments ensemble, mais dans l'ensemble voyager tous les deux n'a pas vraiment fonctionné. Je me suis sentie soulagée lorsqu'il est parti. La première heure sans lui, j'étais nerveuse de me savoir seule dans le bush australien, sans rien ni personne autour de moi. Mais ensuite ça a été comme une révélation. Je devais faire ce voyage seule. Et je me souviendrai toujours de ce que j'ai ressenti le jour où j'ai atteint mon but, Espérance. Je n'aurais pas pu être plus heureuse, plus fière de moi. Avoir un rêve est une chose, mais l'accomplir en est une autre. Et ce jour-là m'a ouvert de nombreuses portes. J'ai découvert la sensation de se sentir vivant, et j'ai décidé de vivre pour ces moments.

Me voilà donc à nouveau sur la route de mes rêves, entourée de ceux que j'aime le plus, mes parents. Ça pourrait difficilement être mieux. Le jour suivant, nous reprenons les vélos et pédalons 90 km. Mon genou me fait mal, mais je ne veux pas inquiéter mes parents. Le soir, la situation s'aggrave. Je boite. Je m'inquiète de savoir si je vais pouvoir continuer. Non, non, non. Je n'en suis pas là. Pas de doute permis. Une bonne nuit de sommeil, et tout ira mieux. Puis vient dimanche matin et le moment des au revoir. Je retiens mes larmes. Peu rassurée, je me mets en route. Il n'y a plus que moi et mon vélo désormais.

Les pieds sur les pédales, je commence à me dire que le rêve, le projet est en train de se réaliser. Néanmoins, la première heure seule est un peu stressante. Personne pour m'aider en cas de problème. Personne à qui parler, personne pour me réconforter si j'ai des doutes. Mais il ne me faut pas longtemps pour retrouver ce sentiment de liberté totale que j'avais ressenti en pédalant en Australie. C'est incroyable d'être autonome et de ne pas avoir idée de ce qui va se passer. Je me sens bien ici, en paix avec moi-même, loin de la pression que je ressens constamment à Paris.

Une heure plus tard, je suis sur une grande route traversant la forêt. Une voiture me double et s'arrête sur le bas-côté. Probablement pour une envie pressante, ou pour passer un coup de téléphone. À nouveau, cette même voiture me double et s'arrête sur l'autre côté de la route. Et rebelote. Je regarde la plaque d'immatriculation. C'est la même voiture, c'est sûr. Un monsieur est au volant. J'essaye de ne pas être parano. Pourquoi voudrait-il me faire du mal ? Peut-être veut-il simplement me parler ? Il doit être intéressé par mon voyage. Je continue ma route, avec une multitude de pensées dans ma tête. J'essaye de reprendre mes esprits, mais à ce même moment la voiture me dépasse encore une fois, s'arrête, et l'homme sort du véhicule. Mon coeur s'arrête, mes jambes tremblent. Je continue malgré tout à avancer, et passe devant lui en ayant l'air détendue. Il s'adresse à moi mais je suis tellement terrorisée que je ne comprends pas ce qu'il me dit. Je réponds poliment que je ne peux pas m'arrêter et pédale, aussi vite que je peux, complètement paniquée. J'ai déjà vu ce monsieur. Quelques kilomètres auparavant, au milieu d'un village, cet homme avait baragouiné quelque chose à mon attention lorsque je passais devant lui. J'ai tout de suite senti qu'il n'avait pas l'air net. Les gens avaient raison. C'est dangereux d'être une femme seule à vélo. J'aurais dû rester chez moi. Le monde est trop dangereux.

À toute allure, je rejoins la ville la plus proche et arrive dans le centre, où un événement se tient avec beaucoup de monde. Je n'ai pas vu ladite voiture depuis un moment maintenant. Je m'arrête reprendre ma respiration. Je regarde les gens autour de moi. Je suis encore sous le choc, mais le niveau de stress redescend progressivement. Je décide de quitter la ville, bien que c'était mon objectif du jour. Il est trop tôt pour m'arrêter et, surtout, je veux être le plus loin possible de cet homme. Cette mauvaise rencontre m'affecte plus que je ne le pensais et je veux à tout prix continuer ma route. Au bout d'une heure, je trouve un champ, un peu caché mais proche d'un village. Je prends les quelques peluches avec lesquelles je voyage avec moi dans la tente pour me réconforter. Un mauvais départ, mais demain sera un meilleur jour j'en suis sûre. Je n'aurais jamais imaginé que l'histoire de mon voyage commencerait ainsi.

Le jour suivant j'atteins Limal en Belgique et reste deux jours chez ma marraine, qui m'apporte le réconfort nécessaire pour mettre cette mauvaise expérience loin derrière moi.

Aujourd'hui, je suis à nouveau sur mon vélo, et je trouve une piste cyclable, qui rend la route vraiment plaisante. Pas besoin de se soucier du trafic. Malheureusement, après 72 km, mon genou est bloqué et je ne peux plus pédaler. Je pousse mon vélo pour m'éloigner de la route principale et trouver un emplacement approprié pour poser ma tente. Autour de moi, tout est cultivé, pas possible de camper. L'idéal serait de dormir sur le terrain d'une de ces fermes. J'aperçois quelqu'un dehors, dans sa voiture. Je m'approche. L'homme est au téléphone. J'attends qu'il finisse et m'essaye avec quelques bonjours. Il sort de sa voiture, je me présente poliment et lui explique la situation. Il ramène ses parents et je refais à nouveau mon speech, peu sûre de moi. Ils ont l'air surpris. Ils ne doivent pas avoir ce genre de demande tous les jours. Néanmoins, ils acceptent gentiment et me trouvent un carré de pelouse bien tondue, loin de la boue et des vaches. Ils me laissent entrer à l'intérieur et m'offrent à manger. Nous commençons à discuter, l'occasion pour eux de me poser quelques questions sur le voyage. Tout cela aurait pu être très agréable, si leur chien s'était arrêté d'aboyer ne serait-ce qu'une seconde. Jamais je n'ai vu un chien si énervé, montrant constamment les crocs depuis sa cage. Heureusement, ils gardent le fauve à l'intérieur toute la nuit, et je peux dormir en paix. Et quelle bonne nuit ! Je me sens en sécurité sur leur terrain.

René est le premier hôte de mon voyage qui m'accueille grâce à Warmshowers. Je ne connaissais pas ce réseau communautaire pendant mon voyage à vélo en Australie. Je l'ai découvert seulement en Nouvelle-Zélande. C'est là-bas que je l'ai utilisé pour la première fois. Pour ceux qui voyagent, c'est un concept classique. Ce site internet propose des hébergements gratuits entre voyageurs. Le réseau le plus populaire, accessible à tous, s'appelle Couchsurfing. Il m'arrive de l'utiliser. Warmshowers est un peu différent dans la mesure où il faut impérativement voyager à vélo. C'est une communauté uniquement de cyclistes. Il suffit de créer un profil pour pouvoir accéder à la carte du monde et envoyer des demandes pour être hébergé par d'autres membres. Mais c'est bien plus qu'un simple hébergement gratuit. Ça permet aussi de rencontrer d'autres voyageurs, d'écouter leurs histoires, leurs conseils, d'apprendre sur leur mode de vie, leur culture, leurs traditions, leur façon de penser et d'avoir de l'inspiration. Parfois, les gens rencontrés par le biais du site deviennent même des amis.

Ce premier hôte est incroyable. Au début, je n'étais pas très à l'aise. J'avais l'impression de devoir faire la conversation, et que ce n'était pas très naturel pour René de parler. Peut-être de la timidité, peut-être des habitudes sociales différentes. Mais en l'écoutant et en découvrant ses voyages, je réalise que nous avons beaucoup en commun. Nous ne sommes pas si différents. René a pédalé de chez lui aux Pays-Bas jusqu'en Inde seul, parcourant 12 000 km en sept mois. Qu'est-ce qu'il est courageux ! Son voyage me fait rêver. Et me donne des idées. Mais ce sera pour une prochaine fois. Pour l'instant, j'ai seulement en tête Stockholm, mon principal objectif. Ensuite, j'irai peut-être à Helsinki si le voyage à vélo me plaît toujours autant. Un ferry traverse la mer Baltique et pourrait me permettre de passer moins d'heures sur le vélo si je le souhaite. Peut-être vais-je me lasser de pédaler, donc je ne veux pas prévoir un itinéraire trop long. Pour beaucoup, 2000 km à vélo jusqu'à Stockholm est déjà bien ambitieux. Je préfère donc rester sur des objectifs dits raisonnables. Mais en buvant cette bière avec René, je sens déjà au fond de moi qu'un jour, moi aussi, je veux pédaler sur une grande distance. Je suis si contente de l'avoir rencontré, car son voyage est pour moi un exemple admirable.

Je pars le jour suivant malgré la pluie. Parastoo, une autre hôte, m'attend ce soir, à Nijmegen (Pays-Bas), et je ne veux pas la décevoir. Je suis heureuse que la pluie ne m'ait pas découragée ce jour-là. Avec Parastoo, nous avons passé notre temps à philosopher sur la vie et à partager nos opinions. Des conversations profondes et sincères. J'ai l'impression de la connaître depuis toujours et que nous rattrapons le temps perdu. Nous avons beaucoup en commun toutes les deux, malgré nos situations si différentes. C'est une mère célibataire d'une quarantaine d'années, mais elle pense de la même façon que moi. J'ai l'impression de pouvoir tout lui dire, et qu'elle comprendra. Mon programme initial était de partir le matin suivant mais j'aurais eu l'impression de passer à côté de quelque chose, après cette rencontre. Je décide donc de rester une deuxième nuit, pour profiter du jour d'après ensemble, comme deux bonnes amies réunies.

Le matin du départ, j'annonce à Parastoo que je vais bivouaquer ce soir. Elle pense que ce n'est pas prudent de camper seule dans la nature. Je lui dis que c'est ce que je compte faire tout le long de mon voyage et qu'il n'y aura pas de problème. Moi non plus je n'étais pas rassurée la première fois que j'ai dormi seule dans ma tente sans personne autour. Mais on s'habitue. Parastoo ne veut pas lâcher l'affaire. Elle a l'air aussi têtue que moi.

- Je ne vais pas être à l'aise de te savoir seule dans la nature ce soir. Pourquoi tu ne cherches pas quelqu'un pour t'héberger ?

- C'est compliqué car je n'ai pas prévu où je vais m'arrêter ce soir. Je ne sais pas combien de temps je vais pédaler. C'est bien plus simple de camper.

- J'ai regardé la météo, ils annoncent une tempête pour ce soir, tu devrais vraiment chercher un toit. Je vais essayer de te trouver quelqu'un pendant que tu finis de préparer tes affaires.

C'est très gentil de sa part. Mais en même temps je n'aime pas quand les gens s'inquiètent pour moi. Ma sécurité c'est ma responsabilité, pas la leur. Mais Parastoo ne veut pas abandonner.

C'est comme ça que je me retrouve à Lochem chez Joram, qui a accepté ma demande Couchsurfing de dernière minute. Joram est un beau jeune homme avec beaucoup de charme. Je suis un peu intimidée au début car j'arrive toute transpirante après ma journée de vélo. Je fonce me laver, puis nous nous asseyons à l'extérieur, avec une bière et de quoi grignoter. Quel accueil ! J'ai tout de suite un bon feeling avec lui. D'habitude, il ne se passe pas grand chose dans son petit bourg, mais aujourd'hui il y a un concert en extérieur à côté de chez lui. Nous grimpons une colline et pouvons entendre un peu de musique. C'est un groupe dynamique, et des gens enthousiastes chantent. Mais nous ne voyons et ne ressentons pas grand chose de l'atmosphère du concert, bien que nous passions du bon temps ensemble. Nous élaborons donc un plan pour y entrer, car nous n'avons pas de tickets. Joram est sûr que ça va marcher. Moi j'ai des doutes, mais il est tellement motivé que je ne veux pas le décevoir. Nous marchons donc vers l'entrée, et passons la première porte où il n'y a aucun contrôle. Nous continuons à avancer sans rien dire. Contrôlent-ils les billets un peu plus loin ? Non, personne ne nous demande quoique ce soit. Nous voilà donc dans le public, juste devant le groupe. Nous l'avons fait ! Nous sommes heureux comme tout.

      Quelle soirée pleine de surprises, et si inattendue. J'aurais dû être en train de bivouaquer, mais grâce à Parastoo me voilà à un concert en compagnie d'un jeune homme bien sympathique. C'est ce qui est incroyable quand on voyage, les surprises et les rencontres. Jusque-là, je ne suis pas déçue. Le seul côté regrettable c'est de toujours devoir partir, sans jamais savoir si tu reverras un jour les personnes rencontrées.

CHAPITRE 2

Direction Stockholm, premier objectif

Itzehoe (Allemagne) : 1000 km parcourus. Environ la moitié du chemin jusqu'à Stockholm. Mille est très symbolique, c'est un nombre à quatre chiffres ! Ce n'est pas un exploit, mais je suis fière. Jusque-là les conditions ont été optimales. C'est l'été. La plupart des jours sont ensoleillés, mais en allant vers le Nord, il ne devrait pas faire trop chaud. Les routes sont bonnes. Aux Pays-Bas par exemple, c'est le paradis des cyclistes. Rares sont les fois où il faut pédaler sur une route sans piste cyclable. Le problème c'est parfois de trouver le bon chemin, sans Smartphone pour me géolocaliser. Mon GPS vélo donne l'itinéraire d'un point A à un point B, mais pas forcément le meilleur chemin pour arriver à cette destination. Il arrive qu'il fasse prendre des raccourcis impossibles, qu'il amène sur des routes interdites aux vélos, ou même sur une route qui n'existe plus. Il est d'une aide précieuse, mais il a ses limites et il ne faut pas le suivre les yeux fermés.

Je suis partie il y a plus de deux semaines et j'ai déjà l'impression qu'il s'est passé tant de choses. J'ai partagé une soirée avec Héray avec qui j'étais en contact sur les réseaux sociaux. Également français, ce jeune homme fait la même route en sens inverse, c'est-à-dire de Stockholm à Paris. Nous nous sommes donnés rendez-vous approximativement à mi-chemin. Nous avons campé ensemble dans les bois et surtout avons échangé conseils et expériences. Plus tard, je suis restée deux jours à Bremen où Joram m'a rejoint. Pour quelqu'un que je ne pensais jamais revoir après le concert, c'était une sacrée surprise ! Nous avons visité la ville et avons à nouveau passé un très bon moment ensemble. Nous avions gardé contact depuis que nous nous étions rencontrés, et nous ne pouvions pas continuer sans nous revoir. Je suis vraiment heureuse qu'il ait pu me rejoindre. Un autre jour, je fus hébergée à la campagne par un couple sympathique, parents d'un jeune homme qui est récemment revenu d'un voyage à vélo en Afrique. Malheureusement, il n'était pas présent donc je n'ai pas pu lui poser toutes les questions que je voulais sur cette idée un peu folle. Mais j'ai tout de suite adoré l'idée. J'ai déjà pas mal voyagé auparavant avec mes parents, et l'Afrique est probablement le continent que j'aime le plus. Mais à vélo ? Jamais je n'y aurais pensé ! Je ne pensais même pas que c'était possible avec la chaleur, les animaux, les mauvaises routes, la saison des pluies, etc. C'était donc incroyable d'entendre parler de son voyage, même si c'était à travers ses parents. Et ce n'est pas tombé dans l'oreille d'une sourde !

Aujourd'hui, nous sommes le 19 juin et je suis arrivée au village d'Owschlag, où habite la famille de Sabrina. J'ai rencontré cette dernière à Melbourne. Nous avons travaillé quelques mois ensemble, en tant que vendeuses de glaces. Nous sommes devenues très proches et avons commencé à nous voir en dehors du travail. Ma meilleure amie australienne si je puis dire, bien qu'elle soit allemande. J'étais donc aux anges quand elle m'a dit qu'elle serait chez elle en Allemagne quand j'y passerai à vélo, et que son village est sur mon itinéraire. Aujourd'hui c'est la première journée où il fait vraiment chaud. Les autres jours, la température était convenable pour pédaler. Parfois même trop juste pour faire une longue pause, car à l'arrêt on se refroidit vite. J'ai hâte d'arriver, donc je pédale rapidement. J'ai l'impression d'aller dans un endroit familier, juste de savoir que je serai avec une amie dans ce pays étranger. Et tout est comme avant. Nous avons tellement de choses à nous dire, et rigolons autant.

Puis je fais une pause obligatoire de dix jours. Je dois retourner à Paris en bus pour récupérer mon passeport. Depuis que je suis partie début juin, je voyage avec une carte d'identité périmée. Jusque-là il n'y a eu aucun problème parce qu'il n'y a pas de réelles frontières dans l'espace Schengen. Mais on ne sait jamais ce qui se passera quand je devrai prendre un ferry entre deux pays ou si je veux visiter des pays hors de l'Union Européenne. Quand je me suis rendue compte que mon passeport était périmé, juste avant de partir, j'ai immédiatement fait les démarches pour le renouvellement, qui prend trois semaines. J'étais tellement pressée de partir que j'ai tout de même quitté Paris, en sachant que je devrai revenir récupérer ledit passeport. Dans le bus, je prends du temps pour passer en revue les trois dernières semaines. Pédaler est une vraie thérapie. Ce début de voyage m'a ramené mes rêves, mes ambitions et surtout la motivation nécessaire pour les réaliser. J'aime à nouveau la vie, autant que quand je suis partie voyager la première fois. Le bonheur à l'état pur.

Être à Paris est étrange. C'est comme si je n'étais jamais partie, comme faire trois pas en arrière. Heureusement, ce n'était que pour quelques jours. J'avais trop hâte d'être à nouveau sur mon vélo. Me voilà donc repartie pour une grosse journée en ce 1er juillet, depuis Owschlag où j'avais laissé mon vélo.

La maman de Sabrina est adorable. Elle a demandé à sa mère qui habite au Danemark de m'héberger. Je dois donc pédaler 110 km puisque quelqu'un m'attend. Je n'ai jamais fait autant de kilomètres en une journée jusqu'à maintenant, donc je pars de bonne heure. Mais à midi seulement, je m'arrête. Une jeune fille est seule sur le bas-côté avec son vélo crevé, alors je me dois de l'aider. Enfin aider est un bien grand mot. Je dirais plutôt la soutenir mentalement. Parce que je ne sais absolument pas réparer une crevaison ! Je ne l'ai jamais fait. Je sais ce qu'il faut faire en théorie, mais je ne me suis jamais entraînée. La fille est ravie que je me sois arrêtée, donc je reste un peu avec elle, en espérant que ça ne prendra pas trop de temps. Je veux à tout prix arriver à la destination prévue ce soir.

J'arrive chez la grand-même de Sabrina vers 18 heures. Elle m'attend à la fenêtre depuis une heure et a l'air soulagée de me voir arriver. Elle m'accueille avec un gros câlin et un *"good girl, brave girl"* avec beaucoup d'admiration dans son regard. Elle parle peu anglais mais suffisamment pour que nous puissions nous comprendre sur des choses basiques. Elle est très attentionnée. Elle a téléphoné à sa fille pour savoir ce que j'aime manger, pour pouvoir préparer à dîner et acheter de quoi petit déjeuner. Elle veut même me laisser son lit et dormir sur le canapé. C'est trop, mais je ne parviens pas à la convaincre de faire autrement. Nous dînons toutes les deux, puis regardons la télé ensemble. Cela nous aide à faire la conversation, difficile à cause de la barrière de la langue. Je découvre une grand-mère adorable, très ouverte d'esprit. Même avec nos soixante-dix ans de différence, je sens qu'elle me comprend. Le lendemain elle me donne de la nourriture pour la route, et même un peu d'argent. J'essaye de l'en dissuader car cela me gêne. Mais elle a l'air si heureuse de pouvoir contribuer à mon voyage que je n'ai d'autre choix que d'accepter. Je la remercie et continue ma route, comblée.

Deux jours plus tard, je suis autour d'un lac pour le déjeuner quand une grosse averse avec beaucoup de vent m'oblige à me réfugier dans la bibliothèque d'un village. Je suis trempée et j'ai froid, sans solution pour dormir au sec ce soir. Je n'ai vraiment pas envie de camper par ce temps. J'avais envoyé une demande sur Warmshowers à un garçon qui habite près d'ici, mais malheureusement il m'a dit être trop occupé. J'essaye quand même d'insister, car camper s'avère compliqué. Il va s'arranger pour m'héberger, mais il ne finit pas sa journée de travail avant vingt heures. Pas de problème, je vais rester me reposer à la bibliothèque où je suis et essayer de me réchauffer. Le temps dehors ne s'arrange pas du tout. Je regarde par la fenêtre, heureuse d'être à l'intérieur, quand je reçois un message de mon hôte du soir.

Simon : Tu peux m'attendre à la bibliothèque, je viendrai te chercher avec mon véhicule professionnel pour que tu ne sois pas trempée.

Moi : C'est très gentil merci. Mais je peux pédaler ce n'est pas loin, surtout si j'ai un endroit où sécher après.

Simon : OK. Si tu changes d'avis fais moi signe.

Simon n'a accepté de m'héberger qu'après avoir insisté et malgré tout il me propose de venir me récupérer. Comme c'est gentil ! Je déteste être mouillée mais c'est pour dix kilomètres seulement. Quand c'est l'heure et que la pluie se calme, je commence à pédaler vers chez lui. Mais ce qui devait arriver un jour arriva. Je suis arrêtée à un feu rouge lorsque je sens que quelque chose ne va pas. Je regarde ma roue arrière. Crevaison. Je pousse mon vélo hors de la route jusqu'à une table de pique-nique entourée de quelques maisons pour m'occuper du problème. Depuis que je suis partie, je stresse tous les jours d'avoir un pneu crevé. À chaque fois que je vois un morceau de verre ou des cailloux, je suis inquiète. Mais finalement, je suis soulagée que ça arrive enfin.

En Australie durant les 1500 km que j'ai parcourus à vélo, je n'ai pas eu une seule crevaison. J'ai vu mon compagnon de route de l'époque en réparer, donc j'essaye de me remémorer ce qu'il faisait. Je regarde la roue attentivement et me demande comment je peux l'enlever. Ce n'est pas du tout comme sur mon vélo australien, je ne peux pas enlever la roue simplement à la main. Qu'est-ce qu'il me manque ? Ça commence mal. Puis je me dis que je n'ai pas forcément besoin d'enlever la roue. J'essaye donc, tant bien que mal, de trouver le trou dans la chambre à air pour le réparer. Après une heure de combat avec le pneu, j'arrive à tout remettre, avec la colle et la rustine sur la fameuse crevaison. Je suis tellement fière de moi ! J'ai réparé mon premier pneu crevé. Je commence à gonfler le tout, attends un peu, mais force est de constater que ça ne fonctionne pas. Le pneu est encore à plat. Je n'ai rien réparé du tout. Je mets de la musique, me détends, puis recommence tout le processus. Quand vient le moment de pomper de l'air, rebelote. À mon grand désespoir, je n'ai vu personne durant ces deux heures d'acharnement. Seules des voitures circulent, mais j'aurais trop honte d'en arrêter une pour m'aider. Je m'assois, désespérée et déçue. Puis une grosse averse s'abat à nouveau. Il commence à être tard et surtout à faire noir. Je pense à Simon, qui s'attend à ce que j'arrive. Puis je pense à la pauvre que je suis, seule, fatiguée, glacée et sans espoir. Enfin, je me souviens que plus tôt dans la journée il avait proposé de venir me chercher. Je lui envoie alors un texto, en mettant toute ma fierté de côté.

Moi : Si c'est toujours ok de venir me chercher, ce serait super. J'essaye désespérément de réparer une crevaison depuis 2h.

Simon : J'arrive. Où es-tu ?

Moi : À 9 km de chez toi. Je serai sur la route principale sur ta gauche.

Je suis si heureuse de le voir. Mon héros. Merci. Je sais, c'est bête d'être partie en voyage à vélo sans même savoir changer un pneu crevé. Désolée Simon que tu perdes ton temps à m'aider. Mais ce jeune homme est formidable et il répare la crevaison avec moi, tout en m'expliquant chaque étape et en répondant à mes questions pour que je puisse le faire moi-même la prochaine fois. Il se moque gentiment de moi quand il voit que je n'ai même pas l'outil pour enlever la roue. Il insiste pour que je garde sa clé à molette, car j'en aurai plus besoin que lui, me dit-il. Je n'aurais pas pu rêver d'un meilleur hôte. Je repars le lendemain avec son outil et tout le savoir qu'il a partagé avec moi. Et tout cela m'accompagnera tout le long de mon parcours.

Copenhague. J'ai entendu beaucoup de compliments sur cette ville mais je n'ai jamais eu envie de les croire pour ne pas être déçue. Et je ne l'ai pas été. Je suis arrivée en début d'après-midi par une belle journée ensoleillée. Je me balade dans la ville, en attendant que mes hôtes finissent leur travail. Je tombe par hasard sur Christiana, le quartier de Copenhague où les hippies se retrouvent depuis 1971 pour vivre à leur façon. Les règles ici sont un peu différentes, plus souples. C'est un des squats les plus connus, et j'aime cette façon de vivre hors des murs d'une maison traditionnelle. J'adore l'atmosphère qui émane de ce quartier : street art, drapeaux népalais, slogans sur les murs, skaters et bars hippies. J'observe les gens autant qu'eux me dévisagent, moi et mon vélo de voyageuse. La ville en elle-même est aussi très agréable avec de nombreux petits canaux, des vélos en grand nombre, des maisons colorées, des endroits pour se détendre, des ponts et des pistes cyclables. Sans Hanne et Jan, je n'aurais jamais pu en profiter. Ce sont les seuls qui ont accepté de m'héberger. J'avais envoyé de nombreux messages à différentes personnes habitant à Copenhague, et n'ai eu qu'une seule réponse positive. J'étais prête à éviter cette ville, et ça aurait été bien dommage. Bien qu'Hanne et Jan soient de la génération de mes parents, nos conversations sont riches. Ce couple alterne travail et voyages à vélo. J'admire ce mode de vie, encore plus à leur âge.

Prochaine étape : la Suède. Avant de prendre le ferry pour Helsingborg, j'ai rencontré deux cyclistes catalans. Nous suivions le même itinéraire cyclable donc nous avons pédalé ensemble jusqu'au ferry, sur lequel ils ont embarqué également. Nous continuons à voyager ensemble quelques heures et nous nous séparons après le déjeuner. Ils vont à Oslo et moi à Stockholm, plus à l'est. Une heure plus tard, je me demande si je suis sur la route la plus directe. Je m'arrête pour regarder ma carte, et vois deux cyclistes venir dans ma direction. C'est eux ! En effet, je me suis trompée de chemin, ce qui est rare. Mais peu importe, je suis ravie de les retrouver. Je continue mon chemin avec eux. Nous passons la journée ensemble, puis trouvons un bel emplacement pour bivouaquer. Nous mettons nos deux tentes, qui sont identiques, l'une à côté de l'autre, ce qui fait une photo adorable.

La journée suivante, nous pédalons à nouveau ensemble, ce qui nous permet de nous connaître un peu mieux. Jorge et Andreu ont pris l'avion avec leur vélo pour un mois de voyage jusqu'à Oslo. Ils voyagent très légers et Jorge ne comprend pas que je puisse porter des peluches pour le plaisir.

- Ça doit être tellement lourd ! Pourquoi tu les a prises ? C'est fou que tu portes du poids en plus. Moi j'ai pris seulement la moitié de mon dentifrice et j'ai laissé quelques sardines inutiles pour réduire au maximum le poids.

- Tu sais j'ai tellement d'affaires que ça m'importe peu. Un kilo de plus ou de moins ça ne change pas grand chose. Et ça me fait plaisir de les avoir avec moi !

- Et qu'est-ce qu'il se passe quand il pleut ?
- Eh bien, elles sont mouillées ! Comme moi.

Malgré ce genre de divergence de point de vue, nous passons du bon temps ensemble. Tous les deux m'admirent d'être une femme seule à vélo. Je suis leur héroïne, ils sont ma meilleure compagnie. Je rigole tellement avec eux. Et je suis ravie de pouvoir suivre leur cadence, bien qu'elle soit un peu plus rapide qu'habituellement. Le jour suivant je les quitte à contre-cœur. Il faut vraiment que j'aille vers Stockholm. C'est dur de les laisser. J'ai l'impression que nous pédalons ensemble depuis longtemps. Nous avons nos petites habitudes, et nous commençons à bien nous connaître. Et voilà que je dois me retrouver seule à nouveau. Et aujourd'hui je suis littéralement seule ! Je pourrais compter sur les doigts de ma main le nombre de voitures que j'ai vu passer sur cette route à travers la forêt. J'ai l'impression d'être au milieu de nulle part. Parfois, un écriteau semble annoncer un village. Mais ce n'est souvent rien de plus que quelques maisons, sans personne autour.

Ce qui est très agréable en Suède c'est la culture du camping sauvage. Il est tout à fait légal de poser sa tente dans un endroit public pour une nuit, en respectant quelques conditions (par exemple être à une certaine distance d'une maison, d'une ville, ne pas être sur un terrain privé ou dans un parc national). Les suédois sont donc habitués à voir des voyageurs camper un peu partout. Il y a de nombreux lacs très jolis, entourés de verdure, souvent agrémentés de tables de pique-nique et de toilettes sèches. C'est donc facile de bivouaquer, mais aussi très agréable.

Ce soir, le lac est immense et la route autour ne me permet pas de dénicher facilement un endroit où poser ma tente. J'emprunte donc un petit chemin parallèle, en espérant trouver mieux. Encore trop hésitante à demander de l'aide, j'essaye d'abord de trouver par moi-même. C'est à ce moment-là qu'un homme sur son tracteur s'arrête et s'adresse à moi en suédois. Je lui fais comprendre que je suis étrangère et que je cherche un endroit où poser ma tente. Il a l'air d'avoir saisi et appelle quelqu'un. Il me passe le téléphone. La douce voix d'une femme me dit de suivre le tracteur. Elle connaît un endroit où je peux camper. Je suis le monsieur du tracteur quelques minutes, jusqu'à la dame du téléphone. Elle prend le relais car elle parle anglais. "Vous pouvez mettre votre tente où vous voulez sur cette pelouse. Je vais fermer le café bientôt, donc il n'y aura plus personne. Et venez je vais vous montrer où sont les toilettes. Dans la dernière, il y a même une douche si vous avez besoin." Je l'écoute, à moitié enchantée, à moitié inquiète du prix que va me coûter un tel endroit. J'amène néanmoins mon vélo sur la pelouse, défait mes affaires, et commence à grignoter cacahuètes et noix. La dame revient me voir et me dit simplement de passer une bonne nuit, puis me souhaite bonne route. Je la remercie de tout coeur, en comprenant qu'elle veut simplement m'aider et n'attend pas d'argent. Je peux alors commencer à profiter pleinement de ce magnifique endroit avec vue sur le lac. C'est l'heure du coucher de soleil, qui est de plus en plus tôt, bien qu'il soit déjà 22 heures. Je profite du spectacle. Je cours sous la douche, bien chaude, branche mes appareils électroniques dans les toilettes, et monte ma tente avec un sourire jusqu'aux lèvres. Il ne faut pas grand chose pour être heureuse. Le seul fait d'être propre et de s'apprêter à passer une bonne nuit suffisent à être comblée en voyage. Je suis émerveillée par la gentillesse de ces gens qui ne me connaissent pas mais m'aident. Je m'endors avec cette belle pensée.

J'arrive à Norrköping le lendemain. Cette ville n'aurait rien été sans Peder. J'ai envoyé une demande sur Warmshowers à ce jeune homme de 30 ans seulement deux heures avant d'atteindre la ville, en tentant ma chance un peu au hasard. J'ai reçu une réponse positive de sa part, bien que ce soit au dernier moment. J'ai tout de suite apprécié sa spontanéité. Et je l'apprécie encore plus en l'écoutant parler de ses deux voyages d'un an à vélo. Une année entière à vélo ! Et en Afrique ! Je rencontre enfin quelqu'un qui l'a fait et qui est devant moi. J'ai la chance de pouvoir voir ses photos et écouter ses histoires. Je suis vraiment impressionnée et surtout très enhousiaste. Je crois qu'à ce moment-là je fais inconsciemment un pacte avec moi-même ; c'est décidé, un jour moi aussi je pédalerai en Afrique. À écouter Peder, très modeste, faire du vélo là-bas semble simple, ce qui est rassurant. Même si d'autres m'ont inspirée à poursuivre mon voyage au-delà de Stockholm, c'est certainement lui qui a planté la première graine de mon voyage africain. Je reste une deuxième nuit chez lui pour profiter d'une autre soirée en sa compagnie et en celle de Nima, son meilleur ami ici. Nous nous baladons comme trois bons amis.

Le jour suivant, je pédale 142 km. Je n'avais pas prévu de parcourir une telle distance. Mon programme initial était de me laisser deux jours pour faire les 200 km séparant Norrköping de Sockhom. Mais j'étais tellement motivée que je ne pouvais plus m'arrêter. C'est si bon ! Je suis si contente d'atteindre enfin la capitale de la Suède, mon premier objectif. J'arrive en ce 14 juillet, jour de fête nationale en France, à Stockholm, après avoir pédalé 2198 km depuis Paris, plus heureuse que jamais.

CHAPITRE 3

Nature sauvage en Suède et Finlande

L'émotion que je ressens est intense. Quand je vois le panneau de la ville, ça me frappe : je l'ai fait. Stockholm, je suis là ! Tous ceux qui pensaient que c'était trop fou doivent se rendre à l'évidence, c'est bel et bien faisable. Même sans compétences mécaniques. Même seule. Même en étant une femme. Même avec un vélo basique. Même sans être une grande sportive. J'ai envie de crier à toute la ville combien je suis heureuse et fière. Je veux partager mon bonheur avec tout le monde. Malheureusement, c'est le côté négatif de voyager seule. Parfois tu as besoin de partager certains moments forts avec un ami ou un proche, mais il n'y a personne avec toi. Bien sûr, c'est le 21e siècle et les réseaux de communication sont nombreux, mais c'est différent d'avoir quelqu'un à qui tu tiens à côté de toi. Et à ce moment précis, je ressens le manque de ne pas pouvoir partager ce que je suis en train de vivre.

Je reste quelques jours à Stockholm pour savourer cette victoire. La ville en elle-même n'est pas très intéressante, mais Kaveh, mon hôte, l'est. C'est un ami de Parastoo, rencontrée aux Pays-Bas. Il a de longs cheveux noirs et ondulés avec une grosse barbe. Malgré son physique imposant, il inspire la sympathie et la confiance. C'est un musicien, qui a une panoplie d'instruments. Il vit dans un appartement plein de charme, avec beaucoup de tapis, de plantes et de masques bouddhistes. Nous passons du temps avec ses amis hippies, et jouons du djembé dans la forêt. Parmi ses amis, il y a Fredrik, également musicien, mais aussi artiste. Il vit de ses peintures. Auparavant, il était guide touristique et me propose donc de me faire visiter la ville le lendemain. Kaveh sera occupé par le travail toute la journée. Cheveux blonds avec des dreadlocks, j'admire Fredrik qui a l'air en totale harmonie avec la nature. Il est si serein, si calme, si apaisé. Il respire le bonheur et la tranquillité, et c'est beau à voir.

À Stockholm, je retrouve également Clémence. Nous fréquentions la même école étant plus jeunes. Nous avions perdu contact et j'étais ravie de recevoir son message disant qu'elle avait entendu parler de mon voyage. Elle habite en ce moment à 90 km de Stockholm. Il faudrait donc se revoir ! Je ne l'ai pas vue depuis plus de 5 ans mais elle a à peine changé. C'est formidable de la voir ici, si loin de notre enfance, d'évoquer le passé et ce que nous sommes devenues.

De retour sur la route, je passe une nuit à Uppsala, au nord de Stockholm, où habite Clémence, avec qui je passe à nouveau un peu de temps. C'est comme si une nouvelle aventure commençait, et je suis contente de la commencer avec un visage familier. La première partie du voyage m'a montrée que je suis capable de pédaler et que j'aime ça. En me dirigeant maintenant vers Helsinki, je sais que je viens de me fixer un nouvel objectif et que je ferai tout pour l'atteindre. Certaines personnes, comme Kim, rendent mon voyage plus facile. Cet hôte m'a préparé à dîner et m'a permis de prendre une douche, mais il m'a aussi beaucoup motivée et félicitée. Le soutien des autres m'aide beaucoup dans les moments difficiles. Kim n'a encore jamais voyagé à vélo mais il prépare son année autour du monde. Pour une fois, c'est moi qui donne des conseils et essaye d'inspirer. J'essaie de faire de mon mieux. Quel type adorable ! Le jour suivant j'ai tellement d'énergie quand je quitte sa maison que je pédale un long moment sans m'arrêter. Finalement, j'arrive au bord d'un beau lac, déguste la bière qu'il m'a gentiment offerte et profite de l'instant présent. C'est important de s'octroyer un petit plaisir parfois. J'oublie souvent de me récompenser et c'est un peu dommage.

La Suède est un pays agréable, avec ses forêts et ses lacs. La température est idéale et les jours sont longs, ce qui permet de s'arrêter tard sans s'inquiéter de la nuit qui tombe. C'est très plaisant de dîner à une table de pique-nique sans avoir à s'éclairer d'une lampe. Les nuits peuvent être fraîches, mais au moins elles sont courtes. Néanmoins, la route n'est pas très variée entre Stockholm et Haparanda, la ville-frontière avec la Finlande. Et c'est encore à mille kilomètres, bien que j'aie déjà pédalé 700 km dans le pays. C'est donc une bonne surprise de rencontrer un jeune cycliste allemand. Je suis en train de dîner avant de monter ma tente au bord d'un lac, près de la route principale, quand ce garçon fait son apparition. Tout est bien organisé sur son vélo. Il a deux sacoches arrière et deux avant, plus un petit sac sur son guidon. Nous discutons un peu, puis il s'en va faire un tour et commence à écrire son journal. Il est un peu timide, ou plutôt très discret.

Le jour suivant, nous allons dans la même direction donc nous pédalons ensemble. Petit à petit, le garçon s'ouvre et parle de plus en plus. Les grosses montées sont ainsi plus distrayantes. Je m'entends de mieux en mieux avec lui. Anton a 18 ans, et vient d'avoir l'équivalent de son bac. Il a décidé dans la foulée de pédaler jusqu'au Cap Nord seul. Malgré son jeune âge - je me sens même vieille - il est incroyablement cultivé et très intelligent. C'est un plaisir et vraiment très intéressant de l'écouter. Mais le garçon timide est devenu bavard maintenant ! Parfois, le calme de la forêt me manque. Mais on ne peut pas tout avoir.

Les deux semaines suivantes sont très agréables grâce à la compagnie d'Anton. Nous nous arrêtons trois nuits au Parc National Skuleskogen, où Fredrik de Stockholm nous rejoint. Nous passons trois jours à vivre façon Robinson Crusoé, à faire des randonnées, socialiser, se baigner dans le lac et à philosopher sur la vie. Nous serions bien restés plus longtemps mais nous avions peur de ne jamais repartir de cet endroit. J'aurais pu habiter ici un moment. Nous avions élu domicile dans une des huttes du parc. C'est une belle cabane en bois avec quelques lits, une table avec des chaises, quelques casseroles et un poêle sur lequel nous pouvions cuisiner. Uniquement des choses basiques, juste le nécessaire. Rien de superflu, comme on a tendance à avoir. Et ça c'est ce que j'aime vraiment, quand c'est simple, mais suffisant. J'en ai assez de cette société de consommation qui nous crée des besoins inutiles. Dans cette cabane, je me suis sentie si bien. Mais Anton n'a pas un temps illimité pour atteindre son objectif et comme je souhaite continuer avec lui, je quitte le parc quand il décide de partir.

Nous continuons donc à pédaler ensemble, et prenons l'habitude de trouver un *badplats*[2] pour camper le soir. Nous nous motivons l'un l'autre sur ces longues routes qui montent et descendent à travers les forêts. Nous remplissons nos sacs de nourriture de supermarchés bas de gamme. Ici, le niveau de vie est élevé, donc c'est cher. De temps en temp, nous faisons un plongeon dans un lac pour nous rafraîchir, nous faisons un feu dès que nous pouvons, et nous évitons l'E4 le plus possible. L'E4 est la route principale longeant la côte. Elle est assez fréquentée et parfois dangereuse, lorsqu'elle est si étroite que nous n'avons plus d'espace pour

---
[2] En suédois, lieu de baignade

pédaler sans gêner. Les automobilistes n'ont pas l'habitude des cyclistes ici et roulent relativement vite. Je n'aime vraiment pas cette route, donc dès que c'est possible, nous la contournons. Heureusement, tout est facile et simple avec Anton. Nous pédalons à la même vitesse, avons la même façon de voyager, et surtout nous rigolons beaucoup. Nous savons quand nous en avons assez d'être ensemble. Dans ce cas, l'un se repose près des tentes, pendant que l'autre va explorer les alentours de notre camp. Je redoute le moment où je serai à nouveau seule.

Nous arrivons à Piteå le 31 juillet. C'est là que le chemin d'Anton et le mien se séparent. Je vais en Finlande, alors qu'il continue au Nord. L'au revoir est rapide, car nous sommes tous les deux conscients qu'il sera difficile de faire face à nouveau à la solitude. Nous nous souhaitons mutuellement bonne chance, et la minute d'après il n'est déjà plus là. Je reste un peu dans la ville, pour déjeuner et surtout avoir une connexion internet, après deux semaines sans. À ce moment précis, internet m'aide à gérer la solitude. D'habitude, je me sens mieux quand je suis déconnectée. Aujourd'hui, le ciel est gris. Peut-être était-ce aussi le cas hier, et les jours précédents, mais je n'y ai pas prêté attention. Tout était si bien avec Anton. Parfois nous parlions, parfois nous pédalions côte à côte, parfois nous écoutions de la musique ensemble. C'était la combinaison parfaite d'être avec quelqu'un, sans que cela devienne trop pesant. Il n'y a jamais eu de confusion sur le fait d'être plus que des partenaires de vélo, et ça a rendu le tout bien plus facile. Mais maintenant que je suis sans lui, je me sens terriblement seule. Tout est si triste, si fade. Le soir, la solitude me met une claque. Il me manque tellement. Même si nous dormions toujours chacun dans notre tente, c'était si bon de savoir qu'il était juste à côté de moi, et que nous allions passer le jour suivant ensemble. Bien sûr, je vais me réhabituer à la solitude, c'est une question de temps. Pour surmonter ce moment difficile, je regarde les photos de nous deux en écoutant une musique douce.

Suomi - Finlande. Ce n'est pas sans émotion que je passe la frontière aujourd'hui et laisse la Suède derrière moi, après près d'un mois dans le pays. Une page se tourne. 133 km aujourd'hui dont certains sur une route principale très fréquentée. Je mets alors la musique à fond sur mon enceinte pour me détendre et penser à autre chose que le danger auquel je suis exposée. Je suis fatiguée, ou plutôt épuisée de ce trafic et du bruit constant des voitures. En fin de journée, je quitte la route pour rejoindre une rivière tracée sur ma carte, en espérant pouvoir y poser ma tente. Je me perds dans le village, sans trouver aucun chemin me permettant d'y arriver. Je n'ai pas la force de chercher ou de demander à quelqu'un. Soudain, un vieil homme s'approche de moi. Il a dû voir que j'étais perdue. Il ne parle malheureusement pas anglais mais comprend tout de même que je cherche un endroit où mettre ma tente. Il va alors chercher sa femme. Après un moment d'incompréhension (ils croyaient naturellement que je cherchais un camping), ils me proposent de poser ma tente dans leur jardin.

Le monsieur est curieux et reste avec moi pour s'assurer que je n'ai pas besoin d'aide. Il m'apporte des coussins et des oreillers pour que ce soit plus confortable. Il me laisse seule un court moment, avant d'insister pour que j'entre chez eux. Ils ont déjà dîné mais ils me préparent gentiment une assiette pleine afin que je mange. Ils m'indiquent où est la salle de bain pour que je puisse prendre une douche. Ils essayent de communiquer avec moi du mieux qu'ils peuvent, malgré la barrière de la langue. Ils me montrent des photos de leur famille, apportent un plan de Paris pour savoir où j'habite, me demandent où j'ai commencé mon voyage et où je vais maintenant. Quand je retourne à ma tente, ils me font comprendre qu'ils ne verrouillent pas la porte pour que je puisse entrer si j'ai besoin de quelque chose, et les réveiller si jamais j'ai un problème. Comme c'est gentil ! Ils sont plutôt confiants, car ils ne me connaissent pas après tout. Je suis impressionnée par leur attitude si positive.

Le matin, ils invitent une amie qui parle anglais pour que nous puissions échanger un peu plus. Nous prenons des photos ensemble pour immortaliser le moment. Je promets de leur envoyer une carte postale, ils me donnent de la nourriture et soixante euros pour le voyage. Soixante euros ! Je suis gênée, mais ça a l'air de les rendre tellement heureux. "Pour le ferry", me disent-ils, comme prétexte pour que je prenne l'argent. Ils ont donc bien compris que je vais en Estonie après la Finlande. La vieille dame me fait alors un gros câlin rempli d'amour et me dit dans l'oreille de revenir un jour. Je n'arrive pas à retenir mes larmes et pars, bouleversée par leur humanité. *Kiitos* est le premier mot que j'apprends en finlandais. Merci.

Je passe toute la journée la tête dans les nuages grâce à ce couple merveilleux. Comment les gens peuvent-ils être aussi gentils avec quelqu'un qu'ils ne connaissent même pas ? Je suis impressionnée par leur générosité. Je ne vois pas le temps passer et arrive à Oulu, où je suis hébergée par le contact d'un ami parisien. Je reste chez lui quelques jours, pour préparer les prochaines étapes de mon voyage. Helsinki est seulement à 600 km, soit environ six jours de vélo. Et je ne sais pas où aller après, il faut que je fasse des recherches. Je lis beaucoup de blogs et de forums sur l'Afrique à vélo. Et à partir de ce moment, l'idée d'aller pédaler là-bas ne me quitte pas. Alors pourquoi pas ne pas aller en Afrique après l'Europe ? J'aime tellement voyager à vélo que je sais que je veux continuer mon chemin. Malheureusement, je n'ai pas l'équipement pour passer l'hiver dans un climat continental. Il va faire trop froid. Je vais donc devoir soit m'arrêter, soit aller autre part. L'Afrique n'est pas loin, et me trotte dans la tête depuis un petit moment maintenant. Alors quand mes parents m'appellent pour la conversation hebdomadaire habituelle, je suis trop excitée pour ne pas leur parler de mon futur projet.

- Alors comment ça se passe à Oulu ?
- Tout va bien ici. Je vais rester encore un peu pour réfléchir à la suite du voyage. Je vais me diriger vers la Grèce, rattraper un peu de chaleur, et m'approcher de mon prochain continent. Je veux aller en Afrique !, je réponds, très excitée.

Il y a un blanc. Personne ne répond au bout du fil. Puis mes parents me disent que ce n'est pas sérieux.

- En Afrique, vraiment ? Pourquoi tu ne vas pas au Canada ou aux USA ?, propose mon père. Ou en Asie du Sud-Est, c'est bien là-bas, renchérit ma mère.
- Mais non, ce n'est pas ce qui m'intéresse pour l'instant. Je veux aller en Afrique.
- Mais je crois que tu ne te rends pas bien compte de la situation en Afrique, Tiph. Ebola, le terrorisme, les problèmes politiques, les maladies, le paludisme. Et une femme seule à vélo ? Non, ce n'est vraiment pas raisonnable.

J'ai un contre-argument pour chaque problème qu'ils trouvent, mais je suis un peu déçue qu'ils ne soient pas aussi enthousiastes que moi. Ils sont déjà allés en Afrique. Je suis déjà allée en Afrique. Ils savent aussi bien que moi que le continent est surtout victime de la mauvaise image véhiculée par les médias. Il y a de nombreux pays et certains sont très propices au voyage. Nous en restons là pour l'instant, pour que nous puissions tous prendre le temps d'y réfléchir. Mais ma décision est déjà prise et ils savent bien que je suis trop têtue pour laisser tomber. Têtue, mais aussi suffisamment raisonnable pour avoir fait des recherches sur les endroits où je veux aller là-bas.

Les jours qui suivent je suis de retour sur la route et l'Afrique est constamment présente dans ma tête. Je sais que mes parents ne veulent pas foncièrement m'empêcher de faire quelque chose que j'aime, donc s'ils essayent de me persuader de ne pas y aller c'est qu'ils doivent vraiment être inquiets. Mais leur inquiétude est-elle justifiée ? Ne sont-ils pas aveuglés par les médias et leurs préjugés comme nous tous ? Je dois dire que ça m'a aussi paru fou quand j'ai entendu pour la première fois quelqu'un qui avait voyagé à vélo en Afrique. Je pense donc que leur réaction est normale et qu'il leur faut un peu de temps pour apprivoiser l'idée. J'essaye de ne plus penser à tout ça pour profiter de la nature finlandaise.

Je reste deux nuits à Isojärvi, un joli Parc National où des sentiers traversent la forêt, autour d'un lac. Je me mets à l'aise dans un abri ouvert où il y a un banc, un endroit pour le feu, une casserole et du bois. C'est incroyablement paisible ici. Je fais bouillir de l'eau pour une soupe, écris mon journal du jour, écoute un podcast puis me glisse dans mon sac de couchage pour une bonne nuit de sommeil. Ce soir je dors sans tente, seulement sur ce banc abrité. Je me sens à l'aise ici et aime sentir la nature autour de moi. Le calme est déroutant, il n'y a personne. Seul un moustique est venu m'énerver. Je me rentre encore plus dans mon sac de couchage, pour m'en débarrasser et me réchauffer.

Je ne suis maintenant plus qu'à deux jours d'Helsinki. Le temps est passé vite. Aujourd'hui, je reste me balader dans la forêt pour varier les plaisirs. J'ai eu le temps de prendre soin de mon vélo et de ramasser des myrtilles. Je sais qu'aller dans une grande ville après autant de temps passé dans la nature va être difficile, donc j'en profite un maximum. Néanmoins, je suis en contact depuis un moment avec Pauli qui habite dans la capitale, ce qui est rassurant. C'est l'ami de très bons amis parisiens à moi. Quand je leur ai annoncé que j'allais à Helsinki, ils l'ont immédiatement contacté pour voir s'il pouvait m'héberger.

Mes amis m'encouragent tous beaucoup et semblent fiers de ce que j'ai parcouru. C'est important pour moi, et ça me motive. J'entends souvent que j'ai de la chance de voyager, et c'est bien de me le rappeler. Ce n'est pas toujours facile, mais c'est vrai que j'ai de la chance. Pour certains, je vis une expérience qu'ils rêveraient de faire, et c'est toujours au moins une bonne raison de ne pas abandonner. Je sais que certains aimeraient me rejoindre, mais c'est difficile de faire coïncider leurs obligations quotidiennes avec mon programme qui se décide toujours à la dernière minute. Ma meilleure amie a évoqué la possibilité de me rejoindre plusieurs fois, donc j'ai bon espoir.

Mais pour l'instant je suis à Helsinki. Pauli est aussi sympathique de visu que par message. Bien qu'un peu timide au début, c'est un jeune homme très respectueux et poli. Je reste une semaine avec lui dans son studio bien agencé. Ensemble, nous écoutons de la musique électronique, allons au Sampa Sauna - un sauna public hippie - jouons au mölkky et sortons avec ses amis. Je passe une semaine agréable à rencontrer des gens et surtout à me détendre. Je prends mon temps car je rejoins mon frère et ses amis à Varsovie dans un mois. D'après mon calcul j'ai largement le temps d'y arriver à la date fixée, donc je reste un peu à la capitale. J'aime connaître un peu mieux les gens, leur culture, leurs habitudes, leur façon de vivre. C'est plaisant de se sentir un peu intégrée. Au bout d'une semaine, je me décide à partir.

CHAPITRE 4

Les pays Baltes, Estonie et Lettonie

Le ferry pour Tallinn est gigantesque. J'y entre en même temps que les camions et je n'ai qu'un modeste poteau pour accrocher mon vélo. Pas très classe, mais je ne peux pas me plaindre puisque je n'ai pas eu à payer de supplément pour monter mon vélo à bord. J'arrive dans la capitale estonienne sous la pluie, et en repars avec aussi. Le centre historique est splendide mais malheureusement avec ce temps, j'en profite peu. Nous sommes fin août, mais on dirait que l'été est déjà parti - mais je suis encore bien au Nord. Mon hôte ici veut que je reste plus que deux nuits. Nous passons du bon temps ensemble, mais après dix jours sans pédaler, je ne peux plus attendre. Je quitte donc Tallinn. Et c'est tellement bon d'être à nouveau sur mon vélo. J'ai l'impression d'avancer dans ma vie - même si je n'avance que physiquement. À Helsinki il y a eu des hauts, mais des bas aussi. J'ai commencé à devenir fainéante, à rester constamment à l'intérieur, à m'ennuyer, à penser à l'après-voyage, et ça ne m'a pas fait de bien du tout. Depuis le canapé, tout fait peur, tout à l'air dangereux à l'extérieur.

Malgré le vent fatigant de ce premier jour de retour sur les pédales, je suis ravie de cette première journée à vélo en Estonie. Je poursuis l'Eurovelo 10 et 13, un grand projet de création d'itinéraires cyclables à travers l'Europe, en cours de réalisation. Seulement certaines parties des itinéraires sont achevées. Il suffit de suivre les signes, qui amènent sur des petites routes peu fréquentées ou sur des pistes cyclables. C'est plaisant de ne pas avoir à regarder le chemin sur la carte et de juste se laisser porter. Pour passer la nuit, je trouve une table de pique-nique abritée avec des toilettes sèches et un carré d'herbe pour la tente. Le lendemain je continue à suivre l'Eurovelo qui fait circuler sur de jolis petits chemins, bien que parfois trop rocailleux. Il n'y a pas grand monde par ici. Je me sens un peu seule en traversant ces villages sans signe de vie. Mais j'adore lorsque tout brille sous un soleil radieux comme aujourd'hui - peut-être parce que ça n'arrive pas tous les jours !

J'arrive au Parc National de Soomaa le 30 août. Je suis passée au supermarché dans la ville juste avant le parc et me suis même achetée une bière. J'ai maintenant parcouru 5000 km et je mérite donc ce petit plaisir. À la place de ma tente, j'utilise une petite cabane en bois qui est à disposition des voyageurs. Il n'y a rien de plus qu'un lit et une chaise, mais il fait nettement plus chaud que dans la tente. Et il y a l'électricité, quel luxe ! Je traîne un peu dehors, et savoure ce moment agréable. Le jour suivant, je vais marcher dans le parc. Après avoir traversé une forêt, j'arrive à un endroit immense, plat avec quelques arbres très minces, recouvert de mares et marécages. J'emprunte le chemin en bois dédié aux visiteurs, qui se termine par un banc. Je m'assois un petit moment dans ce décor inhabituel, inspirée par les alentours. Là, je me mets à penser à ces trois derniers mois sur mon vélo. Je ne crois pas que j'aurais pu être plus heureuse.

Je retourne à ma cabane pour dîner. Deux jeunes se trouvent près du bâtiment principal. Je les ai déjà aperçus hier. Ce ne sont donc pas des touristes. Ils entrent et sortent du bâtiment, bien que l'office du tourisme soit fermé à cette heure-ci. J'aimerais avoir assez confiance en moi pour pouvoir aller leur parler et avoir de la compagnie pour la soirée, mais malheureusement ce n'est pas le cas. Chaque fois qu'ils sortent fumer une cigarette, je me dis que c'est l'opportunité. Mais maintenant j'y ai trop pensé et ça ne fera pas naturel, donc je renonce. Heureusement, ils prennent l'initiative de venir s'asseoir à côté de moi pour discuter.

- Salut, on se demandait ce que tu fais là toute seule ?
- Oh salut, je réponds de ma timide voix. Je voyage à vélo à travers l'Europe.
- À vélo ! Ce n'est pas trop dur ?

L'un des deux mène la conversation. L'autre ne semble pas très intéressé, ou peut-être ne parle-t-il pas assez bien anglais. Je discute donc essentiellement avec le premier. Son anglais n'est pas parfait, mais assez pour pouvoir tenir une conversation. Il me pose quelques questions puis me propose de venir avec eux. Je les suis à l'intérieur du bâtiment, où nous buvons un café ensemble. Ils m'expliquent qu'ils travaillent dans le parc pendant leurs vacances d'été. Ils ont une chambre ici, au dessus de l'office du tourisme. C'est très confort par rapport à ce que j'ai moi. Je m'installe dans un fauteuil et regarde un film en leur compagnie.

Le feeling passe bien avec celui qui parle anglais, malgré son plus jeune âge. Il semble autant attiré par moi que moi par lui. Mais aucun de nous n'ose tenter quelque chose. Comme je m'endors à moitié, j'annonce que je vais me coucher. Il m'accompagne en bas mais n'a pas l'air prêt à faire le premier pas, ni à me laisser partir. Il suggère donc que nous retournions dans la chambre regarder la fin du film. Nous remontons puis redescendons, et au bout de la troisième fois, je lui dis que je m'en vais pour de vrai. C'est sa dernière chance. Je ne comprends pas pourquoi il ne m'embrasse pas. Peut-être est-il timide ? Peut-être pense-t-il que je suis trop âgée ? Ou peut-être n'est-il pas attiré par moi après tout.

Pourtant, beaucoup de signes prouvent le contraire. Je suis vraiment perdue, alors je m'apprête à partir, déçue et frustrée.

Je m'éloigne d'un pas, lorsqu'il me prend par la main, m'embrasse et me ramène dans le bâtiment pendant que nos lèvres s'en donnent à cœur joie. Mon cœur bat à toute allure, le monde autour de moi disparaît. C'est si bon. Le temps semble s'être arrêté. Nos mains touchent le corps de l'autre, dessus puis dessous les vêtements. Puis, il arrête tout très soudainement. Cela me ramène de façon brutale à la réalité. J'ouvre mes yeux, et lui demande gentiment ce qui ne va pas. Il hésite, mais admet finalement avoir une copine. Il est désolé. Moi aussi. Nous nous enlaçons pour adoucir le moment, puis il m'embrasse une dernière fois et je retourne à ma cabane.

Je franchis la frontière lettonne en pensant encore à la nuit dernière. Je pédale 145 km, peut-être pour compenser le sentiment de vide qui m'habite aujourd'hui. Le jour suivant est une journée difficile pour rejoindre la capitale, Riga. La pluie ne me laisse aucun répit ! Complètement trempée de la tête aux pieds, je suis tentée de faire du stop. Mais je sais que je serai hébergée ce soir chez Agnese et Uldis, que j'ai rencontrés il y a quelques années quand je suis venue en Lettonie avec ma mère. Nous avons gardé contact depuis et je suis ravie de retourner chez eux. Nous avions été accueillies si chaleureusement la dernière fois que le simple fait d'y penser me motive pour pédaler le reste de la journée malgré la pluie. C'est comme s'il fallait que je mérite leur hospitalité. Je sais que je serai au chaud là-bas donc je veux me prouver que je suis plus forte que la pluie. J'arrive donc chez eux trempée, refroidie, et à une heure tardive à cause des détours pour éviter l'autoroute. Agnese n'a pas changé. Elle prend soin de moi comme une mère dévouée, et m'apporte tout le réconfort dont j'ai besoin après une telle journée.

Après quelques jours de repos sympathiques à Riga, les jours qui suivent sont difficiles. Je ne sais pas pour quelle raison, mais la solitude est lourde. Peut-être est-ce seulement une étape à passer, mais elle n'est pas facile. C'est vraiment uniquement psychologique, car rien n'a foncièrement changé. En tout cas, ce n'est pas physiquement dur. Je continue à pédaler, mais sans vraiment savoir pourquoi. Le coeur n'y est pas. Je suis près de la mer et c'est la seule chose qui me réconforte, malgré le ciel gris et le vent. Hier, j'ai passé la nuit sur la plage, avec le bruit rassurant des vagues. Ce soir, je veux à nouveau dormir près de la mer. Je prends un chemin qui m'amène à des bâtiments industriels un peu inquiétants. Il n'y a personne. L'endroit ne m'inspire pas. Je traverse quand même l'endroit pour rejoindre la plage, où je me sens immédiatement mieux. J'ai l'impression d'être quelque part en sécurité avec la mer.

Là, un homme est en train de pêcher. Je suis agréablement surprise de voir quelqu'un. Je me dis qu'il habite peut-être dans le coin, donc je vais lui parler. Malheureusement, il ne comprend pas un mot d'anglais. Par les signes qu'il fait, je comprends qu'il n'habite pas ici. Il n'a pas l'air de connaître les alentours, il ne pourra donc pas m'aider à trouver un endroit où dormir. Je le laisse pêcher tranquillement et vais m'asseoir quelques mètres plus loin, sur une vieille barque. J'aurais aimé avoir de la compagnie mais avec la barrière de la langue la communication demande beaucoup d'efforts. Je reste là un moment, à regarder les vagues, un peu perdue dans mes pensées. Le monsieur s'avance vers moi et m'invite à boire un peu de café avec lui. Il installe une autre chaise de camping pour que je sois assise confortablement - c'est merveilleux pour mon fessier, qui souffre sur la selle toute la journée. Il sort un Thermos de son sac et me sert un café. Il ouvre ensuite sa gamelle et me propose un sandwich. Je n'ai pas beaucoup à manger et j'ai plutôt faim, mais je refuse par politesse. Il y a deux sandwichs mais ils sont petits. Ça me ferait de la peine de lui prendre la seule nourriture qu'il a. Mais il insiste et je lis dans ses yeux qu'il a vraiment envie de les partager. Alors j'en prends un, et nous sommes contents tous les deux. Nous restons ensuite l'un à côté de l'autre, à regarder la mer, juste heureux d'avoir de la compagnie, bien qu'il n'y ait pas de communication verbale.

    Au bout d'une heure, il range ses affaires. Le soleil s'est couché. Le monsieur va maintenant partir et moi je vais poser ma tente. Je lui serre la main et le remercie avec un grand sourire. Je suis sincèrement reconnaissante d'avoir passé ces instants en sa compagnie. Je le regarde s'en aller avec un pincement au cœur et monte ma tente rapidement. Il commence à faire froid et il faut que je m'allonge pour reposer mon corps, fatigué par les kilomètres.

    Aujourd'hui, j'envoie une demande sur Warmshowers à quelqu'un dans un petit village - à une parfaite distance de Kuldiga, où j'étais hébergée comme une reine la nuit dernière. Je n'ai pas tous les jours le droit à une multitude de plats, et surtout une mousse au chocolat pour le dessert. Ce soir, par contre, je n'ai aucune idée de chez qui je vais. La personne en question n'a mis aucune photo sur son profil, il n'y a pas de commentaires d'autres membres, et la description est en letton. Pas très rassurant, mais Warmshowers est une petite communauté. Si quelqu'un habitant dans un village a eu connaissance de ce site ce n'est sûrement pas pour de mauvaises raisons. Comme il y a le numéro de téléphone de la personne, j'envoie un sms et reçois une réponse en anglais de la fille du monsieur en question. C'est un bon point. C'est toujours mieux de ne pas être hébergée par un homme seul, pour éviter toute situation embarrassante. Je règle donc quelques détails par sms avec la fille, impatiente de voir quel genre de famille peut bien se cacher derrière tout ça.

Quand j'arrive à la ferme, ils sont tout aussi surpris que moi. Ils s'attendaient à voir un garçon ! Mon prénom est en effet peu courant, et je peux comprendre que dans d'autres pays ils puissent se demander si c'est un prénom féminin ou masculin. Nous en rigolons et je me sens tout de suite à l'aise dans cette famille de cinq - les deux parents et leurs trois filles de 15 ans, 23 ans et 29 ans. Les nuits commencent à être bien fraîches donc je suis contente d'avoir un lit. Mais bien plus que ça, je suis ravie d'avoir de la compagnie. Lorsque je suis sur mon vélo, j'aime être seule. J'ai le temps de penser, je suis libre de m'arrêter quand je le souhaite, et je peux choisir mon rythme. La nuit, être seule est parfois un peu plus dur.

Les Lazdupa m'intègrent comme si j'étais des leurs, et cela me fait prendre conscience que ma famille me manque. À ce moment du voyage où le moral est un peu bas, ces lettons m'apportent toute la chaleur et l'amour dont j'ai besoin pour ne pas abandonner. Je prolonge mon séjour pour profiter d'une journée à la campagne avec eux. Après une soirée sympathique à faire des jeux et jouer de la guitare, ils m'offrent un sac rempli de sucreries, de chocolats et de biscuits pour le voyage. C'est un peu Noël ! "C'est pour avoir fait confiance à un profil sans photo", me disent-ils pour me taquiner. Je leur avais avoué être un peu inquiète de venir pour cette raison. On ne sait jamais sur qui on va tomber. Mais je suis heureuse de l'avoir fait et me sens maintenant prête à repartir. Je dois continuer. Pour eux, pour ceux que j'ai rencontrés sur mon chemin, pour ceux qui me soutiennent, et pour moi-même. Quand je pars, les filles m'accompagnent à vélo pendant quelques kilomètres. Elles me montrent ainsi un raccourci qu'elles connaissent, pour ne pas que je me perde. Une dernière attention adorable, qui me permet de rester motivée, malgré la pluie qui s'est remise à tomber.

CHAPITRE 5

Direction le Sud via Lituanie et Pologne

Je franchis la frontière lituanienne et me dirige vers l'ouest. Un petit ferry fait la traversée pour l'isthme de Courlande. Là-bas, une piste cyclable de 100 km traverse la forêt, le long de la mer. L'autre bout de l'isthme débouche sur la Russie. Sans visa, il n'y a d'autre choix que de s'arrêter à Nida. En haute saison, il y a des ferries qui retournent sur le continent, mais en septembre il n'y en a plus. Je me lance donc sans savoir comment ça va se passer. L'isthme est très peu peuplé, et j'apprécie l'ambiance de vacances qui s'en dégage. La piste cyclable est loin de la route principale, très peu fréquentée. Après une nuit cachée dans les bois (le camping sauvage est interdit dans ce parc national), j'arrive à Nida à 10 heures. Je vais directement au port et questionne la personne de l'office du tourisme à propos des bateaux.

- Bonjour Madame, j'aimerais savoir s'il y a des bateaux qui font la traversée jusqu'au continent aujourd'hui ?

- Bonjour Mademoiselle. Malheureusement à cette époque de l'année, il n'y en a que le week-end.

Nous sommes lundi. Je ne vais pas attendre ici une semaine, je songe dans ma tête. Je lui demande alors si d'autres bateaux, comme des bateaux privés, font la traversée.

- Pas à ma connaissance, mais vous devriez aller faire un tour au port et demander directement aux capitaines. Si vous trouvez d'autres personnes intéressées, vous pourriez privatiser un bateau.

- C'est une bonne idée, je vais aller demander. Mais si vous entendez parler d'un bateau qui part, pensez à moi ! Je serai dans les parages. Merci.

Pas très à l'aise, je traîne au port et observe les bateaux. Certains sont des voiliers en bois très luxueux, d'autres sont plus modernes avec deux niveaux. Mais il n'y a que très peu d'activité. Il fait beau, tout est calme. Je vois quelques annonces pour des virées sur l'eau. Je m'approche timidement de l'un des bateaux, où j'aperçois un homme. "Est-ce que vous faites la traversée ?" "Oui, mais le bateau d'aujourd'hui est déjà parti, il y en aura un autre demain matin." J'aurais aimé partir maintenant, mais c'est mieux que rien. J'avertis le capitaine que je me joindrai au voyage, à moins qu'un autre bateau ne parte aujourd'hui. Je demande le prix. "Pas cher. Pour toi et ton vélo je te le fais à vingt euros." Je le remercie et m'éloigne.

Je m'assois sur un banc manger mon déjeuner. Pas cher ? Vingt euros, c'est mon budget pour cinq jours. L'argent est une notion très relative. Bien sûr, pour quelqu'un avec un bon salaire mensuel, qui dépense une centaine d'euros dans un hôtel sur l'isthme, ce n'est pas beaucoup. Mais pour quelqu'un comme moi qui vit sur ses économies, qui bivouaque, et pour qui chaque euro compte, ce n'est pas vraiment ce que j'appelle pas cher. Mais vu les kilomètres que la traversée peut m'épargner, je peux me faire ce plaisir. Je vais me balader dans les dunes. D'ici, je peux voir les grillages de la frontière russe, confirmant que je ne suis pas la bienvenue. Je retourne ensuite au port voir s'il y a quelque chose de nouveau. Le premier capitaine reviens vers moi avec une bonne nouvelle. Quelques amis ont loué le bateau d'un de ses collègues, et ils font la traversée dans une heure. Le capitaine me demande si je préfère aller sur ce bateau là. Bien sûr ! Il m'invite alors à monter à bord de son bateau pour boire un café avec son employée, pendant qu'il demande à son collègue la possibilité d'aller avec eux.

Une heure plus tard, je suis sur un petit voilier navigant vers le continent, à boire du champagne et à m'amuser, en compagnie d'un groupe de dix amis célébrant un mariage. J'aurais pu me sentir de trop mais ils m'invitent à participer aux jeux, me posent beaucoup de questions sur mon voyage et m'offrent à boire. "Attention, c'est interdit de faire du vélo alcoolisé en Lituanie", me disent-ils avant que je ré-enfourche mon vélo, une fois sur la terre ferme. Ils me taquinent, mais c'est vrai que je suis un peu pompette, presque ivre. Ils ont l'air d'avoir apprécié ma présence. Le marié me donne même un peu d'argent, "pour accomplir tes rêves". Il faut que je m'habitue à recevoir du soutien de personnes que je connais à peine, car cela m'est déjà arrivé plusieurs fois. Je pédale, pas très droit, depuis le petit port où ils viennent de me déposer. J'arrive jusqu'à quelques maisons, où je demande la permission de poser ma tente pour la nuit.

Malheureusement, le jour suivant ne se passe pas tout aussi bien. Après seulement une heure de vélo, j'ai un pneu crevé. Comme il n'y aucun endroit adapté pour s'arrêter, je demande à la seule maison que je vois sur le bord de la route, si je peux m'occuper de mon vélo ici. Le monsieur, qui ne parle pas un mot d'anglais, pense que j'ai besoin d'aide. Je lui montre que je peux me débrouiller toute seule mais il prend quand même le relais. Il s'occupe donc de la réparation, bien que je le sente pressé. Il soupire beaucoup. Alors quand je lui montre le trou qu'il y a dans le pneu, en plus de la chambre à air, je vois le peu de sympathie qui animait son visage disparaître d'un coup. Maintenant, j'ai vraiment besoin de son aide. Comment vais-je réparer ça ? Un trou dans le pneu après seulement 6000 km est-ce normal ? Le monsieur essaye de bidouiller quelque chose en collant quelques rustines. Je n'ai pas beaucoup d'espoir que ça tienne, mais je lui offre quand même une tablette de chocolat pour le remercier et repars sur la route. Mais évidemment, au bout d'une heure seulement, la roue arrière est à nouveau à plat. Je ne vais pas aller loin comme ça. Un trou dans le pneu ça veut dire que la chambre à air n'est plus protégée, et que n'importe quoi peut la percer. Je décide donc de faire du stop jusqu'à la première grande ville afin de trouver une boutique de vélos. Accoudée à mon vélo au bord de la route, je lève mon pouce.

Au bout d'un petit moment, une voiture avec deux vieux messieurs s'arrête. Je leur montre mon pneu à plat, et essaye tant bien que mal de leur expliquer que ce n'est pas une crevaison habituelle, et que le problème est un peu plus compliqué. Malheureusement, ils ne comprennent pas et leur voiture est bien trop petite. Je leur suis reconnaissante de s'être arrêtés, mais il faut se rendre à l'évidence : ils ne peuvent rien pour moi. Ils interceptent quand même deux jeunes hommes qui passent par là pour qu'ils m'aident. La voiture s'en va. Je me tourne vers les deux lituaniens, qui m'amènent chez un de leur proche. Là, il y a un garage rempli d'outils. Ils se mettent à trois autour de mon vélo, et ils n'y vont pas de main morte. Il est seulement midi et leur haleine dégage une forte odeur d'alcool. Pour autant, ils continuent à boire. Malgré tout, les trois hommes sont si dévoués à m'aider, que je reste inutile sur le côté. Quelle détermination ! Heureusement, il me reste encore du chocolat, que je leur donne pour les récompenser de leurs efforts. De toute évidence, ils ont fait un bien meilleur travail que le premier, car la réparation tient jusqu'au soir. Cela me permet de pédaler jusqu'à la maison de ceux qui m'accueillent pour la nuit. J'y arrive juste avant le coucher du soleil. Mieux vaut tard que jamais.

Après une journée de repos et une journée de vélo, j'arrive à Kaunas, une grande ville à une centaine de kilomètres de la capitale lituanienne. De là, je pédale avec Alex, un français d'une trentaine d'années. Nous étions hébergés au même moment par le même hôte, le hasard fait bien les choses. Fatigué de son travail et de sa routine, il a décidé de partir seul à vélo. Nous passons du bon temps ensemble et grâce à son soutien j'arrive à Vilnius, malgré deux autres crevaisons en route. J'aurais dû m'occuper du pneu plus tôt. Au moins, je suis une experte maintenant. Il y a trois mois, je ne savais pas réparer une crevaison. Maintenant, je peux le faire en quinze minutes, donc je suis fière de moi.

Un contact de mon frère a accepté de m'héberger à Vilnius. Viktorija est une femme pleine d'énergie, mariée et mère de deux petits garçons. Tout de suite, elle prend soin de moi de façon remarquable. Elle m'organise une journée avec sa sœur, puisqu'elle-même doit travailler. Sa sœur a mon âge et parle anglais. Je passe un très bon moment à découvrir la ville avec elle. Le jour suivant, Viktorija ne travaille pas. Elle m'invite au cinéma voir *Paris can wait*. "Je me suis dit que ça te ferait plaisir de voir ce film vu qu'il se passe en France. Ton pays doit te manquer. J'espère que ça va te plaire", me dit-elle, avec beaucoup de tendresse. Peu importe le film, je suis surtout très touchée par cette idée si attentionnée. Le lendemain, elle m'interviewe. Viktorija est journaliste et veut partager mon histoire dans un journal local. J'ai l'impression de pouvoir tout lui dire, et qu'elle ne me jugera pas. C'est une très bonne expérience, malgré mon manque d'assurance à l'oral. Cela me rappelle pourquoi je voyage, et me remotive après ces semaines quelque peu déprimantes dans les pays Baltes. Je vais maintenant rejoindre mon frère dans moins de deux semaines, et plus tard ma meilleure amie va venir pédaler une partie du voyage avec moi. Les projets des prochaines semaines pourraient donc difficilement être mieux.

Je quitte Viktorija la larme à l'oeil. C'est une femme incroyable. J'ai l'impression de bien la connaître après ces quelques jours passés avec elle et sa famille. Au moment des au revoirs, nous nous prenons chaleureusement dans les bras.

- Tu es vraiment une fille courageuse Tiphaine. C'est incroyable ce que tu fais et c'est encore plus impressionnant que tu le fasses seule. Continue à vivre tes rêves !

- Je ne pourrais jamais assez te remercier d'avoir accepté de m'héberger sans même me connaître. Merci pour ton accueil, ton sourire, pour le sac plein de friandises et pour tout l'amour que tu m'as donné.

- J'ai une dernière chose pour toi. Attends une journée triste et pluvieuse pour ouvrir cette enveloppe.

Pendant l'interview tu m'as demandé pourquoi j'ai choisi de voyager. Je voyage surtout pour faire des rencontres. Pour rencontrer des gens comme toi, qui me réconfortent dans ce que je fais et qui m'encouragent à être qui je suis vraiment. Toi aussi tu es formidable. Pourquoi tant de générosité envers une parfaite inconnue ? Pourquoi ouvrir et partager autant avec quelqu'un que tu ne connais même pas ?

J'essuie mes larmes et pars. Le soir, je ne peux résister à l'envie d'ouvrir l'enveloppe. Je fonds en larmes en lisant la lettre. Je pleure, je ris, et je souris de ses adorables fautes d'anglais.

"Sweet Tiphaine with pinch of salt,

It was amazing experience to meet such young, open minded and warm girl like you. I opened my house door to you and you let some fresh wind of your freedom in.
Take care of yourself and your good heart. For now you are calling yourself a homeless nomad, but I know already - home is there, where your heart is. So you can lose or leave houses, but never your heart.
My family spent 4 fun days with you. THANK YOU for that! We already know that Paris can wait. Maybe this little present will let it wait for you for 4 more days. You said that your plan was 5 euros per day. Actually 4 days with you were worth one million each, but:
1. millions are quite hard to keep on the bike
2. they can buy everything, except happiness and freedom (but that you already have)
So, I thought it's better to buy food for 5 euros per day instead of everything. Because when you have nothing, you don't need everything. So I hope it will help you even a little to keep your stomach full and the mind open.

So, I wish you good luck. Travel safe and with your wide smile. You are a special girl. Keep that always in your mind.
Thank you for the biggest which you gave to us - opportunity to know you and your story.
And of course thank you for a pinch of France in our Lithuanian house.

Now when I will think about it, it wouldn't be Eiffel Tower, it will be Tiphaine.

Go go go girl after your dreams and let the wind blow to your back! Au revoir! Ate!

With best wishes, Viktorija, Andrius, Rokas and little Lucas."[3]

Je lis cette lettre au bord d'un lac, proche d'un village. Un bel endroit pour camper, avec des tables de pique-nique et des jeux pour enfant. Mais, submergée par les émotions procurées par la lettre, je n'ai pas fait attention aux quelques types qui se sont assis à l'une des tables, bouteilles à la main. Je sors de ma bulle lorsque l'un d'entre eux passe devant moi plusieurs fois, en me regardant avec insistance. J'ai déjà monté ma tente. Erreur de débutante. D'habitude, je la sors toujours au dernier moment. À présent, ils peuvent voir que je suis seule et que je vais passer la nuit ici. Et que je voyage à vélo. Je suis une proie facile. Leur présence dans ce contexte me met mal à l'aise. Je n'ai pas pour habitude d'être inquiète, mais je sais que l'alcool peut faire des ravages. Je suis un peu coincée car changer d'endroit montrerait sans doute ma faiblesse. Je ne saurais même pas où aller. Je décide donc de rester là, faisant confiance au destin. De nombreuses fois, j'ai été très vulnérable, et les gens n'en ont pas profité. Heureusement, après un certain temps, le groupe d'hommes finit par partir et je peux enfin me réfugier dans ma tente. Mais pour la première fois depuis le début du voyage, je prends mon couteau de poche avec moi et dors avec mon téléphone allumé.

---

[3] Pour qu'elle garde son authenticité, la lettre est dans sa langue originale

Boum. Boum. Boum. Le rythme de la techno m'hypnotise et résonne à l'intérieur de moi. Un vrai contraste avec le calme de la nature dont je suis maintenant habituée. Nous sommes le 29 septembre et j'ai rejoint mon frère et ses amis à Varsovie pour un week-end festif. Nous sommes dans un grand hangar d'une entreprise d'éléctricité, hors de la ville. Des milliers de jeunes sont là, réunis autour de la musique. Tout le monde danse, bouge, avec un large sourire. Je vois des gens s'embrasser, d'autres rigoler avec leurs amis, d'autres encore se prendre par le bras. L'atmosphère est joyeuse. J'adore cet environnement complètement différent, qui me rappelle mes soirées parisiennes. Tous les souvenirs et les sensations de cette époque me reviennent. La musique me guide. Je n'ai pas besoin de penser à ce que je fais, je n'ai besoin de penser à rien. Si j'aime tant ce genre d'endroit, c'est parce que j'y trouve une forme de méditation. Toutes mes pensées sont loin et je vis pleinement le moment présent, en harmonie avec la musique que j'aime. Je regarde à côté de moi. La présence de mon frère et de ses amis me comble de bonheur. Nous avons rencontré d'autres festivaliers, mais ce sont ces visages familiers que j'aime le plus.

"Tiphaine, on y va." Ces paroles me ramènent doucement à la réalité. La fête est finie, il faut partir. Je n'ai pas vu le temps passer. J'aimerais rester, mais la musique s'est arrêtée, alors nous rentrons. Le matin se lève, il est l'heure de dormir.

Trois jours plus tard, je suis encore à Varsovie. Emilie, une amie de mon frère, et son copain Maciek sont très sympathiques, et ne m'ont pas encore mise dehors. Mon frère est déjà reparti en Irlande, mais il me faut un peu plus de temps pour me remettre sur mon vélo. Chaque jour, la météo est désastreuse. La solitude va être difficile à gérer après avoir passé une semaine entourée. Mais demain, il me faut reprendre la route car je retrouve Selma, mon amie d'enfance, à Cracovie. Il y a environ 300 km à parcourir et je veux être sûre d'y arriver à temps pour l'accueillir comme il se doit. J'ai hâte. Selma a parlé plusieurs fois de venir me rejoindre pour une partie du voyage, mais il fallait qu'elle fasse coïncider son envie avec ses obligations. J'avais toujours peur que ce ne soit qu'une vague idée. Elle n'est pas encore là, mais elle a acheté son billet de bus, donc je suis maintenant très optimiste.

Les quelques jours jusqu'à Cracovie sont assez désagréables car il pleut la moitié du temps. J'ai horreur de ça. Tout est si mouillé que rien ne sèche la nuit. Quand je pédale je me réchauffe mais à chaque fois que je m'arrête, je meurs de froid. Néanmoins, grâce aux personnes que j'ai rencontrées, je n'ai pas eu à passer une seule nuit dans ma tente, ce qui a rendu ces journées un peu moins difficiles. Le premier soir, je suis arrivée dans la ville de Warka alors qu'il faisait déjà nuit. J'ai traîné dans les rues, sous la pluie, en me demandant quoi faire. Je me suis assise une petite heure sur un banc abrité, à attendre un miracle. Puis je me suis ressaisie. J'ai pédalé un peu, puis j'ai pris mon courage à deux mains en voyant un homme dans une petite rue sombre. Je lui demande s'il y a un camping à proximité. Je voudrais en fait camper dans son jardin, mais n'ose pas réclamer. Il m'informe qu'il y a un camping près d'ici, mais en saison basse il est fermé. Il me propose alors d'appeler un hôtel.

- Malheureusement, ce ne sera sûrement pas dans mon budget. Mais je vois que vous avez un jardin, peut-être puis-je poser ma tente ici, je me lance, en dernier recours.

- C'est mon lieu de travail ici, pas mon domicile. Mais attendez, je vais voir avec ma femme.

En donnant son coup de téléphone, je me demande ce qu'elle va penser à l'autre bout de la ligne. J'essaye d'imaginer la réaction d'une femme en entendant son mari lui dire au téléphone "bonsoir ma chérie. J'étais en train de quitter le boulot quand une jeune française voyageant seule à vélo, sans toit, m'a demandé si elle pouvait poser sa tente dans notre jardin. Est-ce que c'est d'accord pour toi ?"

Mais elle a accepté, car je suis maintenant en train de suivre la voiture de cet homme jusqu'à chez eux. Je suis un peu gênée d'être invitée à dormir à l'intérieur de la maison car je n'ai pas envie de déranger. Mais ils insistent et avec ce temps froid et pluvieux, je suis bien contente. Je suis impressionnée par leur facilité à faire confiance, en laissant une parfaite étrangère dormir chez eux. Ils me donnent même à manger et je vais au lit rassasiée, propre et réchauffée.

Le jour suivant, en forme et motivée, je pédale 124 km et fais un petit détour pour aller dormir chez des hôtes Warmshowers. C'est un jeune couple qui vit dans une jolie petite maison confortable, à la campagne. J'aurais aimé pouvoir rester plus longtemps avec eux et profiter de cet endroit ainsi que de leur compagnie, mais je dois vraiment continuer ma route.

La dernière nuit avant Cracovie, je m'arrête dans un village à 70 km de la ville. Dans la rue, je demande au hasard à une dame si elle sait où je pourrais m'installer pour la nuit. J'ai attendu trop longtemps avant d'oser demander à quelqu'un. Elle est mon dernier recours. Après, il sera trop tard pour déranger qui que ce soit. Elle a l'air pressée, mais me donne quand même le numéro d'une personne susceptible de m'aider, quelqu'un qui a l'air d'héberger fréquemment. La dame me dessine un petit plan, puis s'en va. J'appelle le numéro plusieurs fois, sans réponse. Je vais à l'endroit indiqué, mais avec les explications du plan, je ne sais pas quelle maison c'est. Je n'ai pas envie de sonner à la mauvaise porte. J'essaye d'appeler une dernière fois, et cette fois la voix d'une femme décroche. Elle sort dehors me trouver. Elle me souhaite la bienvenue, et me propose une chambre, ou le jardin pour ma tente. Je comprends alors que tout cela est payant, et demande le prix.

- Une chambre seule je peux vous la faire à 40 zlotys[4] et pour camper, hm, j'imagine que je ne vous ferais pas payer.

- Super alors je vais camper, je réponds, ravie de pouvoir respecter mes principes.

Elle a l'air vraiment surprise. En effet, le vent s'est levé et la nuit s'annonce mouvementée. Mais qu'importe. Je lui explique ma façon de voyager, afin qu'elle comprenne mon choix. Elle me dit alors de prendre une chambre, je n'aurai rien à payer. Elle veut que je sois à l'intérieur. Maintenant je suis gênée. C'est son activité professionnelle, sa façon de gagner sa vie. Je me sentirais mal de ne pas payer. Je préférerais rester dehors mais elle insiste. Je me retrouve donc dans un appartement de deux chambres pour moi toute seule. J'essaye de lui donner le moins de travail possible en enlevant mes chaussures, en dormant dans mon sac de couchage et en nettoyant attentivement tout ce que j'utilise. Elle revient plus tard dans la soirée avec du fromage et une pomme qu'elle me donne. Comme c'est gentil ! Nous discutons un peu, puis elle me laisse me reposer. Le matin, je pars à l'aube et lui laisse un petit mot pour lui exprimer ma reconnaissance. Pendant la nuit, le vent était terrible. Elle m'a sauvé ma nuit. Et je ne suis maintenant plus qu'à un jour de pur bonheur ; retrouver mon amie la plus chère et pédaler avec elle.

---

[4] Environ 10 euros, en 2017

CHAPITRE 6

Cracovie-Budapest à deux, puis Serbie

Vendredi soir, 23 heures. Toujours pas de nouvelles de Selma. Elle aurait dû arriver aujourd'hui vers 19 h ou 20 h. Elle m'a envoyé un message plus tôt dans la journée pour m'informer de ces deux possibilités, en fonction de la place dans le bus pour son vélo. Je lui ai envoyé des sms, j'ai essayé de l'appeler et je lui ai envoyé des messages sur les réseaux sociaux. Rien. Je suis allée plusieurs fois à la station de bus, en espérant la trouver. Elle n'a pas l'adresse de l'appartement où je me trouve, donc je ne peux pas espérer la voir sonner ici. Mais personne. J'ai fait le tour de la station, j'ai attendu, j'ai marché, et j'ai attendu à nouveau. Puis je suis rentrée. Que dois-je faire maintenant ? Je suis vraiment inquiète. Il commence à être tard et je me demande où Selma va passer la nuit. Peut-être qu'elle n'a plus de batterie sur son portable ? Mais dans ce cas là elle doit au moins connaître le numéro d'un de ses parents. Elle peut utiliser le portable de quelqu'un d'autre pour les appeler. Le temps passe, il faut que je fasse quelque chose. Je décide d'appeler sa mère. Peut-être qu'elle a des nouvelles de Selma, et si ce n'est pas le cas elle pourra au moins me conseiller que faire. Elle n'a malheureusement pas plus d'informations que moi. Nous sommes donc maintenant deux à être inquiètes, impuissantes. Mais Valérie reste calme. Elle me rassure, me demande de retourner une dernière fois à la station de bus, puis me recommande de dormir. Tout devrait bien aller pour Selma. En échangeant par téléphone, nous réalisons que Selma n'a probablement pas de réseau hors de la France si elle n'a pas activé l'option requise. Mais pourquoi n'est-elle pas à la station de bus ?

Chacune de notre côté, nous essayons de dormir, avec nos téléphones au plus près de nous. Nous espérons avoir des nouvelles. Selma, où es-tu ? Si tu es vivante et en sécurité, donne des nouvelles ! Je me sens complètement désemparée. Comme ça doit être difficile d'être parent ! J'imagine que les miens connaissent ce sentiment d'angoisse, et je suis bien désolée pour eux. Selma est mon amie la plus proche. Nous nous connaissons depuis que nous avons deux ans. Nous étions voisines, jouions tout le temps ensemble, et allions à la même école. Lorsqu'elle a sauté une classe en primaire, ça a été difficile pour nous car nous savions pertinemment que nous ne serions plus jamais dans la même classe. Quand j'ai déménagé à Londres pendant deux ans, ce fut une déchirure. Elle est toute mon enfance, et fait quasiment partie de la famille. Le genre d'amie à qui tu tiens le plus au monde. C'est pourquoi cette nuit est si dure pour moi.

Après une nuit sans grand sommeil, je reçois un appel de Valérie. Selma doit arriver dans une heure à Cracovie. Elle a eu des problèmes à Berlin où tous les bus ont été annulés à cause d'une tempête. Elle est donc restée bloquée là-bas. Comme nous l'avions deviné, elle n'avait pas de réseau avec sa puce française. Elle a donc acheté une carte SIM allemande qui n'a visiblement pas fonctionnée, car nous n'avons reçu aucun de ses messages. Je vais la chercher à la gare, épuisée mais soulagée. Gros câlin. Je lui en veux de nous avoir inquiétées autant, mais, en même temps, je suis si contente qu'elle soit là que je ne peux pas lui en vouloir. Je lui fais quand même une petite réflexion, en lui montrant les cernes que j'ai sous les yeux, témoignage d'une nuit bien difficile. Nous nous mettons en chemin pour l'appartement, côte à côte, et oublions cette mauvaise histoire. Tout ce qui importe à cet instant-là, c'est qu'elle soit ici avec moi. Nous passons la journée dans la ville. Nous avons du temps à rattraper. Tout est comme avant, le contact passe toujours aussi bien. C'est à ça qu'on reconnaît les vrais amis. Nous sommes si heureuses de nous retrouver. Selma et moi avons beaucoup en commun, et ça n'a pas vraiment changé depuis 21 ans que nous nous connaissons.

Nous enfourchons nos vélos le jour suivant, et je suis vraiment impressionnée par sa forme. Elle pédale vite ! Comme d'habitude, elle est très enthousiaste. Le matin, la pluie fine qui nous mouille ne la dérange pas. Au contraire, elle trouve tous les bons côtés et me motive. En ce moment, j'en ai vraiment assez du mauvais temps. Le jour d'après, nous avons des côtes raides à monter, qui nous offrent de belles vues sur la vallée. Selma a un peu plus de difficulté que moi, mais ne se plaint jamais. C'est plutôt équitable, car j'ai déjà 7000 km d'entraînement derrière moi ! Ça aurait été un peu frustrant que je sois derrière, bien que ce ne soit pas une compétition. Notre objectif est d'arriver à Budapest dans dix jours, date à laquelle Selma prendra le train pour rentrer. Qu'importe notre vitesse, nous pouvons prendre un bus ou un train pour y arriver à temps. L'important c'est surtout de faire ce bout de chemin ensemble et de passer du bon temps.

Aujourd'hui, nous sommes relativement en altitude. Il n'y a pas de neige en ce moment mais des stations de ski commencent à apparaître. L'effort de la montée nous tient chaud, mais en descente nous sommes gelées. Malgré nos bonnets et nos gants, le froid devient mordant au cours de cette longue descente sur nos vélos. Mes yeux en pleurent. Ce soir, nous bivouaquons toutes les deux pour la première fois, dans une forêt au sommet d'une colline. Selma est étonnamment détendue. Elle s'inquiète seulement des sangliers. Elle met notre nourriture et notre sac de déchets dans un arbre, car elle pense que ça pourrait les attirer, puis me rejoint dans la tente.

- Tu veux un morceau de chocolat ?, je demande à Selma, pour partager cette petite douceur bien méritée avec elle.

- Tu as de la nourriture à l'intérieur ? Mais tu es folle ! Les sangliers vont le sentir et nous attaquer !

- Mais non ! Relaxe. Je n'ai jamais eu aucun problème avec ces animaux. Et je suis sûre qu'ils ne peuvent pas sentir le chocolat.

Nous finissons quand même la tablette pour qu'il n'y ait plus de nourriture dans la tente. Si ça peut lui permettre de bien dormir...

Nous avons quitté la Pologne et ce matin nous sommes dans la ville de Žilina en Slovaquie. Pour rejoindre notre itinéraire nous devons traverser une route qui s'avère infranchissable. Il y a beaucoup de voitures, qui roulent très vite, sur quatre voies. Nous arrivons par la droite et devons aller sur la voie la plus à gauche. Soyons réalistes, c'est impossible, ou au moins extrêmement dangereux. Il n'y a pas de feu tricolore. Aucune chance que nous y parvenions. Il y a bien trop de voitures, et elles vont bien trop vite. En regardant la carte, nous envisageons deux options. Soit changer complètement notre programme du jour, avec le risque qu'il y ait du dénivelé, soit prendre un petit chemin piéton qui devrait nous ramener à la route choisie. Nous choisissons la deuxième option et nous nous retrouvons face à des rails de train qu'il nous faut traverser. Notre route est là, juste derrière. C'est le dernier obstacle à franchir. Nous portons nos vélos chargés un par un au-dessus des rails. Ce n'est pas facile, car ceux-ci sont surélevés, et nous devons marcher sur des cailloux plutôt instables. Il y a trois voies de train d'affilée. Nous tremblons. Nous ne pouvons pas bien voir ce qui arrive, et je ne veux pas imaginer les conséquences qu'aurait sur nous un train lancé à 200 km/h. Le vélo de Selma est passé. Le mien est bien plus lourd à cause des bagages, donc c'est une opération plus longue et plus risquée. "Si un train arrive laisse tomber le vélo et cours" j'ordonne à Selma, d'une voix nerveuse. Une fois de l'autre côté, nous soufflons. Mission accomplie, et sans encombres.

La route est étonnamment plate. Nous sommes bien contentes d'avoir rejoint l'itinéraire initial. Beaucoup de gens nous avaient mis en garde sur les montagnes slovaques, donc nous avions peur de ne pas arriver à temps à Budapest en vélo, notre défi personnel. Ce que nous n'avions pas prévu, c'est que la route principale de l'ouest du pays passe dans la vallée. Elle est entourée de montagnes, ce qui crée un joli décor. Ce soir, nous n'avons rien de prévu pour dormir. Lorsque nous arrivons dans une petite ville à l'heure du dîner, nous nous arrêtons manger notre pique-nique, bien que j'aie averti mon amie qu'il sera difficile de trouver un endroit où camper dans un endroit aussi peuplé. Mais Selma est très à l'aise avec les gens. Elle n'a pas peur de demander et se lance sans se poser de questions. Elle demande de façon très naturelle aux passants dans la rue où nous pourrions poser notre tente. À mon grand étonnement, beaucoup sont ravis d'aider.

C'est comme ça que nous nous retrouvons à dormir dans un couvent. Des personnes rencontrées dans la rue nous ont indiqué cet endroit qui a pour habitude d'accueillir des voyageurs. L'expérience est amusante, même si nous n'avons pas l'impression d'être à notre place. Nous avons un peu bredouillé lorsqu'une des Soeurs nous a demandé pourquoi nous faisons ce "chemin spirituel". Malgré tout, tout le monde est aimable ici. Des jeunes filles logent aussi ici, donc nous passons la soirée avec elles.

Le temps passe si vite avec Selma. Je le réalise car c'est notre dernière nuit en Slovaquie, avant d'arriver en Hongrie, de l'autre côté du Danube. La rivière marque la frontière entre les deux pays. Nous avons trouvé un carré d'herbe juste à l'extérieur de la ville pour passer la nuit. La tente est face à une magnifique basilique, située sur l'autre rive. Je profite de cette soirée calme avec Selma. C'est tellement bon d'être avec elle. C'est une personne intelligente, mature, qui a toujours les bons mots. Tu ne peux que l'apprécier. Après toutes ces années d'amitié je pourrais difficilement imaginer ma vie sans elle. Nous n'avons pas besoin de nous voir souvent. Je sais juste qu'elle sera toujours là pour moi, et c'est tout ce qui compte.

Après un week-end plaisant à Budapest avec mon frère, sa copine, et Selma, je bois un dernier café avec cette dernière avant qu'elle ne prenne le bus pour rentrer chez elle. Ce moment nous permet de revenir sur les jours que nous venons de passer ensemble. Je la remercie d'être venue. Ce fut un immense plaisir de pédaler avec elle.

- C'était génial, j'ai adoré ! Les rencontres que nous avons faites, les routes sur lesquelles nous avons pédalées, les moments partagés avec toi. Si tu pédales assez longtemps je reviendrai !

- Bien sûr, tu es la bienvenue où tu veux, quand tu veux ! Bon retour !

Elle s'éloigne vers la station de bus. Je réalise alors que nos bons moments à vélo ensemble sont maintenant finis.

25 octobre, dix jours plus tard. Je franchis seule la frontière serbe. Traverser la Hongrie fut plutôt agréable. J'ai d'abord pédalé deux jours le long de l'immense lac Balaton avec un jeune homme polonais rencontré à Varsovie, venu me rejoindre. J'ai ensuite suivi un itinéraire cyclable, mais j'ai dû m'arrêter une journée à cause du mauvais temps. En venant de l'ouest, la meilleur façon d'aller à Sombor, ma première ville serbe, où des hôtes m'attendent ce soir, est de longer le Danube puis traverser quelques kilomètres de la Croatie. L'objectif du jour est de pédaler 130 km pour arriver là où je veux passer la nuit. D'habitude, je ne prévois jamais autant de kilomètres mais je sais que j'en suis capable. Je suis contente que ma demande d'hébergement ait été acceptée. Mais je n'avais pas prévu de devoir faire 20 km de plus.

Je pédale sur un chemin longeant le Danube sous un beau ciel bleu, lorsqu'un panneau Eurovelo pointe vers la droite. Je suis donc sur un itinéraire cyclable. Je vois que le chemin indiqué rejoint la route principale, probablement très fréquentée par les voitures. Je préfère rester le long de la rivière. Je poursuis mon chemin, heureuse, pendant une demi-heure, jusqu'à ce que j'arrive à des barrières en barbelés. Le panneau est clair : *"Schengen external border! May be crossed only at border crossing points!"*[5] Mince, il n'y a pas l'air d'avoir d'issue possible. Une voiture de police s'arrête devant moi et je tente ma chance en leur demandant si je peux passer. Dans le cas contraire, je devrai retourner à la route, soit dix kilomètres en sens inverse. J'essaye de les convaincre de plusieurs façons ; souriante, désespérée, triste, déçue. Mais rien n'y fait. Ils ne me laisseront pas passer. Je fais donc demi-tour, énervée contre moi-même. J'aurais dû suivre le panneau ! Au moins,

---

[5] Frontière extérieure à l'espace Schengen ! Ne peut être franchie qu'à des postes de douane !

la colère me fait pédaler à toute vitesse. J'arrive enfin à ma première frontière, avec des postes de contrôle et une longue file de camions. Moins d'une heure plus tard, je franchis une deuxième frontière, entre la Croatie et la Serbie cette fois. Je fais maintenant la course contre le soleil. Il va commencer à faire nuit vers 18 heures et je ne veux pas être à vélo sur une route de campagne quand il fait nuit.

    J'arrive juste à temps chez Slobodan et Tina, un jeune couple serbe. Il fait maintenant complètement nuit dehors. Ils pensaient que je n'arriverais jamais - moi non plus. Par chance, je suis là. Et je suis récompensée de cette grosse journée par un très bon plat chaud. J'ai une faim de loup, mais je ne veux pas tout dévorer. Tina me dit gentiment de me resservir et de manger autant que je veux, ce qui me met à l'aise. Au fil de la conversation, je sais déjà que je veux rester une deuxième nuit chez eux. Je veux apprendre à les connaître davantage et je suis trop fatiguée ce soir pour profiter pleinement de cette rencontre. C'est parfois difficile d'être hébergé et d'avoir le statut d'invité. En échange de l'hospitalité reçue, il te faut faire la conversation et être enthousiaste. Tu n'as parfois pas l'énergie nécessaire, après une journée épuisante à vélo. Heureusement, certains le sentent et ne te retiennent pas longtemps. Ce soir-là, je me couche tôt, pour récupérer de cette longue journée.

    Le matin, je vais avec Slobodan à une boutique de vélos tenue par un de ses amis. Il faut que je change certaines pièces de ma bicyclette (la chaîne, la cassette, les câbles). L'après-midi, nous allons faire un tour de vélo en forêt. Je suis bien contente de découvrir cet endroit dont Slobodan m'a tant parlé. C'est un joli petit "café" près de la rivière - ou plutôt une table de pique-nique au milieu de la forêt. L'endroit est calme et apaisant, déconnecté de la ville et inaccessible en voiture. Uniquement des serbes viennent ici. Nous restons assis un moment, à parler et à profiter de la beauté de la nature, avant de nous mettre en chemin pour rentrer. J'aurais pu rester longtemps chez Tina et Slobodan, que je considère déjà comme des amis. Mais l'hiver arrive et il commence à faire froid ; il faut que j'aille vers le sud.

Belgrade est une ville riche en histoire. Après 8 325 km depuis Paris et cinq mois sur mon vélo depuis mon départ, j'arrive dans la capitale serbe. De tous les pays que j'ai visités jusqu'à présent, la Serbie est celui où les gens y sont les plus gentils. Dès que je m'arrête dans un village manger mon sandwich, j'ai de nombreux "bonjour", beaucoup viennent me parler et certains m'invitent même prendre le thé chez eux. Ici, les gens sont plus ouverts et plus généreux. Sur la route, il arrive fréquemment que les voitures klaxonnent. Au début, j'étais très agacée car je pensais que c'était pour me dire de me pousser. C'est parfois le cas, mais la plupart du temps c'est pour m'encourager, ou simplement pour m'avertir qu'ils me dépassent. Désormais je suis contente d'entendre un klaxon, surtout quand on me fait de grands signes de la main. Traverser la capitale est un peu chaotique, et même assez dangereux à vélo. Il n'y a pas de piste cyclable, les trottoirs sont bondés, et les cyclistes ne sont pas les bienvenus sur la chaussée. Je suis bien contente d'arriver chez Marko entière.

Marko est un jeune serbe de mon âge. Nous nous entendons tout de suite à merveille. Il est très décontracté, et sait comment me taquiner, ce qui me fait sourire. Nous avons de longues conversations intéressantes ensemble. Je reste chez lui quelques jours, et rencontre sa famille qui habite en face. Au départ, je trouve bizarre qu'il habite si près de ses parents. Mais en Serbie, c'est assez courant que les enfants restent chez leurs parents jusqu'à ce qu'ils soient mariés, et même après.

Les salaires sont plutôt bas, les jeunes ne peuvent donc pas assumer le coût d'un loyer. D'une certaine manière, Marko est donc privilégié. Après chaque voyage, je retourne bien habiter chez mes parents moi ! Grâce à mon hôte, j'en apprends beaucoup sur Belgrade et le pays. Marko a beaucoup de connaissances en histoire et en parle avec passion. Dans la ville, nous pouvons voir les traces laissées par les bombes. Belgrade a été détruite des dizaines de fois et a un passé douloureux.

À 115 km de la capitale, je survis à ma première nuit réellement froide. Comment vais-je pouvoir continuer le voyage avec cet équipement d'été ? Ce matin, l'herbe autour de ma tente est gelée. Pendant la nuit, même avec des vêtements sur le dos, j'avais très froid. J'ai même dû rentrer ma tête dans mon sac de couchage pour me réchauffer. J'ai commencé à m'inquiéter. À quelle température meurt-on de froid ? Je suis vraiment inquiète, car je ne suis pas préparée à de telles températures. J'ai peur de m'endormir et ne plus me réveiller.

Mais cette nuit-là n'aura pas eu raison de moi. De bon matin, je pédale une heure avec tous mes vêtements encore sur le dos. C'est beau, ce soleil qui se lève, cette fumée qui s'échappe des maisons. Les gens sont au chaud à l'intérieur, et se préparent pour leur journée. J'adore l'atmosphère. Les montagnes au second plan offrent un paysage magnifique. J'arrive dans une ville et m'y arrête prendre un café - ce que je fais rarement - pour me réchauffer et avoir une connexion internet. Il faut que j'envoie des demandes pour être hébergée. Une nuit en intérieur est une nuit au chaud, donc il faut que j'essaye au maximum de ne pas camper dehors. Pour mes prochaines destinations, Niš, Leskovac, Vranje ; je suis hébergée et je rencontre des serbes très chaleureux, ce qui me fait apprécier le pays encore plus.

Vranje est la dernière ville où je m'arrête avant de quitter ma chère Serbie. Ça n'aurait pas pu mieux se terminer mieux qu'avec Nenad et Jovanna. Nous avons failli ne jamais nous rencontrer, mais parfois le destin fait bien les choses. Vranje était la seule petite ville dans les alentours pour être hébergée via Couchsurfing. J'ai donc envoyé quelques demandes la veille. Je n'ai reçu la réponse de Nenad que lorsque j'étais déjà dans le village, à surveiller mon téléphone en espérant avoir une réponse, et en cherchant déjà où poser ma tente. Je n'avais pas beaucoup d'informations sur ce jeune homme. Une seule photo illustre son profil sur le site, et aucun commentaire. Il vient me chercher sur sa vieille bicyclette. Je n'ai aucune inquiétude à le suivre jusque chez lui. Il a l'air d'être digne de confiance et respectueux. Nenad habite sur une petite colline non loin d'une forêt, avec ses parents. Je suis la première personne de Couchsurfing qu'il reçoit, donc j'espère faire bonne impression. Sa copine nous rejoint un peu plus tard, et nous passons un très bon moment tous les trois. Ils insistent pour que je reste le lendemain, mais je pense à l'arrivée de l'hiver ; il faut que j'aille plus au sud. Je dois arriver vite en Grèce pour retrouver de la chaleur.

Mais le lendemain matin je me lève avec une autre opinion. Un jour de plus ou de moins ne fera pas une grande différence. Je veux rester encore avec eux. "Juste un jour de plus", je leur dis. Nous partons ensemble à la campagne, dans une petite maison familiale, faire une balade, qui offre une belle vue. La nature est merveilleuse. Nous buvons une bière en haut d'une colline, et profitons des belles couleurs du soir. Nous mettons nos vestes car il fait frais quand le soleil se couche.

Le jour d'après, je monte avec eux en voiture pour faire un tour à Koumanovo, en Macédoine. Jovanna et Nenad me font découvrir la ville, puis nous allons à la station service - la vraie raison de notre venue.

L'essence est bien moins chère en Macédoine qu'en Serbie, donc nous sommes venus remplir des bidons d'essence qu'ils revendront chez eux. Une façon de gagner un peu d'argent. Nous sommes comme des trafiquants. Nous remplissons des bidons à la pompe, puis les transvasons dans des bouteilles en plastique. Ils en ont une dizaine, qu'ils cachent sous le tapis du coffre. Je me demande comment ils arrivent à ne pas se faire attraper en passant la frontière fréquemment avec la même voiture. Jovanna me dit que les policiers savent très bien ce qu'ils manigancent, mais qu'ils ne les arrêtent qu'en fonction de leur humeur. Quand c'est le cas, ils leur confisquent seulement les bouteilles d'essence, et les laissent repartir. C'est un risque à prendre, mais qui vaut apparemment le coup. Cette fois, tout se passe sans encombre, et nous sommes de retour à Vranje après une journée amusante.

    Ces quatre jours ont été sympathiques, mais aujourd'hui je sens qu'il faut vraiment que je parte. Nenad m'offre un gros pot de la délicieuse confiture d'abricots faite par sa mère, et un pot d'Ajvar - une sauce traditionnelle faite de poivrons rôtis avec de l'ail, que j'ai adoptée depuis que je suis en Serbie. Jovanna m'offre une bouteille de Rakija, une liqueur faite maison à partir de fruits fermentés. Je suis ravie d'emporter un petit peu de Serbie avec moi, car je quitte le pays aujourd'hui. La frontière n'est qu'à 45 km.

CHAPITRE 7

À travers les Balkans

Il a été difficile pour moi de me remettre en route, comme toujours quand je fais de telles rencontres et que je n'ai en soi aucune raison de partir. Mais mon instinct m'incite toujours à partir. Le voyage n'est pas fini et d'autres surprises m'attendent. Aujourd'hui, j'ai dû avoir un sixième sens. Je suis partie au bon moment. Après avoir pédalé une heure à peine, j'entends des voix derrière moi. Je me retourne et découvre deux cyclotouristes sur leurs vélos chargés, qui vont dans la même direction que moi. Les deux hommes se joignent à moi, et nous nous posons les questions traditionnelles "d'où viens-tu, où vas-tu, depuis combien de temps voyages-tu, etc". Ce n'est pas facile de discuter en pédalant, alors nous nous arrêtons prendre un café ensemble. Ces deux amis de longue date ont tous les deux la trentaine, ils sont anglais. C'est la première fois qu'ils font un voyage à vélo ensemble. Ils ont démarré en Angleterre et pédalent depuis deux mois. L'un d'eux doit aller à Skopje aujourd'hui pour prendre son avion retour. L'autre l'accompagne puis continuera ensuite à pédaler vers Athènes. Nous échangeons nos numéros car il semblerait que nous serons à Thessaloniki à peu près au même moment, et pourrions donc voyager ensemble. Il me fait bonne impression, je garde donc son numéro précieusement. "Je m'appelle Mike", me dit-il quand nos chemins se séparent.

Je passe la frontière grecque, après avoir traversé le petit état macédonien en deux jours. Le panneau me donne une claque. Je suis en Grèce ! Je réalise maintenant qu'il y a quelques mois seulement j'étais en Finlande, au nord, nord, nord d'ici. Et je n'avais aucune idée que j'irais si loin. C'était plutôt une idée vague, un projet un peu flou. Mais je l'ai fait ! C'est comme d'avoir atteint un nouvel objectif. Je suis si près du continent africain maintenant, et je sens que ça va devenir réel. Je suis en contact avec un membre de Warmshowers qui veut aussi pédaler du Maroc au Sénégal, donc j'espère que nous pourrons voyager ensemble. Pour l'instant, je fais mon entrée en Grèce, ou Hellas - le nom traditionnel du pays.

Thessaloniki n'est pas très loin de la frontière. C'est là que je me repose et profite un peu de la culture grecque. La ville est immense. C'est un peu fatigant de se balader dans les rues, car elles sont étroites et pentues. Mais il y a des points de vue magnifiques sur la mer depuis le haut de la ville. J'ai aussi besoin de temps pour penser à la route que je vais prendre ensuite, maintenant que ma descente vers le sud est terminée. Comme j'ai l'intention d'aller au Maroc, il me faut aller vers l'ouest. Le bon point, c'est que la côte Adriatique bénéficie d'un climat méditerranéen, donc il ne devrait pas faire trop froid. Nous sommes en novembre après tout, alors il me faut prendre en compte l'arrivée de l'hiver car il va faire de plus en plus froid. Mon objectif est d'arriver à Cannes pour Noël, afin de rejoindre ma famille qui se réunit chez mes grands-parents pour l'occasion.

Mike, le cycliste rencontré en Serbie, me rejoint ce soir à Thessaloniki pour pédaler ensemble quelques jours. Il n'a pas besoin de se reposer donc nous partons le lendemain, le 14 novembre, vers le sud. La journée commence bien. J'apprécie déjà sa compagnie.

C'est un garçon de grande taille, roux avec une grosse barbe, gentil et attentionné. Il pédale un peu plus vite que moi mais ne se plaint jamais de mon rythme plus lent. Au contraire, il me félicite et m'encourage. Jusque-là, les grecs sont très gentils avec nous. C'est très motivant de se faire offrir une boisson dans un café et quelques douceurs dans une boulangerie. Nous sommes aux anges.

Les choses se compliquent un peu lorsque nous décidons de prendre des petits chemins pour éviter l'autoroute. Nous suivons l'itinéraire indiqué par Google Maps. Au milieu des champs, nous arrivons devant un vieux pont abandonné. Il ne nous inspire rien de bon. Malheureusement, nous voyons sur la carte qu'il nous faut le traverser pour rejoindre notre chemin et continuer. Sinon, c'est l'autoroute. Nous choisissons le pont, pensant que c'est l'option la moins dangereuse. C'est moi qui insiste, car Mike est prêt à prendre l'autoroute. Je m'engage la première sur le pont. Il est fait de poutres horizontales tout le long. Entre chacune d'elle, il n'y a rien d'autre que le vide. Sur ces poutres, d'autres sont posées verticalement, et c'est sur quoi nous progressons. Un chemin de poutres pour le vélo, un chemin pour nos pieds. Je marche doucement et avec précaution. Le bois des poutres est si vieux qu'il peut rompre à tout moment. Tomber serait fatal. Le pont est très haut. En dessous, les rapides de la rivière s'agitent, à quelques mètres de nous. Je tremble, nerveuse. Je regarde Mike derrière moi. Dans quoi je l'ai embarqué ! Mais il n'y pas moyen de faire demi-tour maintenant. Le pont ne fait que 500 mètres mais le traverser nous prend une éternité. À environ un tiers de l'épreuve, il faut changer de côté. Il y a un gros trou, et plus aucune poutre sur le côté où nous nous sommes engagés. C'est bien compliqué de changer de côté. Il me faut soulever et tourner mon vélo, lourd et chargé, marcher sur une poutre, entourée de chaque côté par un fossé. Je transpire et en perd presque mes moyens, submergée par le stress et l'adrénaline. J'ai une grosse boule dans le ventre. J'ai horreur de prendre de tels risques. J'essaye de paraître détendue pour montrer à Mike que tout va bien, et qu'il peut continuer. Sans savoir comment, j'atteins l'autre côté, avec mon vélo et toutes les affaires qu'il y a dessus.

High five. "On l'a fait camarade !", s'exclame Mike, avec enthousiasme et soulagement. Je m'excuse de lui avoir fait traverser une telle épreuve alors que lui voulait simplement prendre l'autoroute.

Le jour suivant, nous sommes un peu surpris quand deux policiers nous arrêtent alors que nous sommes tranquillement en train de pédaler sur la route qui mène à Larissa.

- Vous ne pouvez pas pédaler sur cette route, c'est trop dangereux, nous dit le premier officier.

- Il pleut, c'est très glissant, et il y a beaucoup de voitures, renchérit le second.

Nous sommes confus, car il n'y a que peu de voitures, et que nous ne connaissons pas d'autre chemin. C'est vrai qu'il pleut, mais avec tout ce que nous avons parcouru, cette route est un jeu d'enfants. Ils insistent. Nous ne pouvons pas pédaler cette route, il est interdit d'y être à vélo. Ils nous suggèrent de prendre le train, ce que Mike refuse catégoriquement, à juste titre. Les policiers avaient sans doute anticipé ce genre de réaction et nous répondent donc immédiatement que dans ce cas ils doivent nous escorter. N'ont-ils pas des choses plus importantes à faire ? Nous sommes à 35 km de Larissa, cela va leur prendre deux heures entières vu notre vitesse. J'essaye donc de leur faire abandonner cette idée stupide. Mais ils sont têtus eux aussi.

- Votre sécurité est notre métier, Mademoiselle. Vous pouvez commencer à pédaler, nous vous suivons.

Et nous voilà donc à pédaler avec cette voiture de police derrière nous, gyrophares allumés. Ça nous met une certaine pression. Pas possible de s'arrêter prendre une photo ou autre. Ils perdent déjà bien assez de temps. Je m'habitue peu à peu à leur présence, mais notre rythme est bien plus soutenu qu'habituellement et c'est épuisant. Heureusement au bout d'une heure, ils nous demandent de s'arrêter.

- Vous voyez l'intersection là-bas ? Vous continuez tout droit, et nous nous irons à gauche. Bon voyage.

Je les remercie, heureuse qu'ils partent déjà, vingt kilomètres avant la ville. Ils ont dû se rendre compte que tout ça n'était pas nécessaire. Je regarde Mike, avec un grand sourire. Nous allons retrouver notre liberté ! Mais il ne nous faut pas longtemps pour comprendre le piège. Ce secteur n'est plus sous leur responsabilité, donc une autre voiture de police prend le relais. Notre élan de joie a déjà disparu. Nous sommes à nouveau sur nos vélos, pour une heure d'escorte en plus. Mais pour cette section de route je suis plutôt contente, car la route est pleine de camions. Une façon originale d'arriver dans la ville. Nous avons un peu l'impression d'être des VIP.

À Larissa, nous sommes hébergés par un ami de Slobodan et Tina, le jeune couple serbe que j'ai rencontré il y a trois semaines. Jimmac est très social, il connaît tout le monde dans la ville. Il a monté son propre studio de tatouage, sans beaucoup de connaissances et s'est formé lui-même. Il est vraiment doué et les clients sont très contents de son travail. Nous allons nous promener dans la ville avec lui et sommes invités à boire un verre par ses amis. Nous nous souviendrons longtemps de l'hospitalité grecque. Il ne nous a fallu que deux jours de vélo depuis

Thessaloniki mais une tempête est prévue pour demain, alors nous décidons de rester une deuxième nuit. Il nous faut nous reposer avant les montagnes, inévitables dans le sud de la Grèce.

Je suis stressée par les montagnes que je vais devoir traverser pour rejoindre la côte. Je suis nerveuse car j'ai également voyagé à vélo en Nouvelle-Zélande et j'ai été traumatisée par les routes pentues. À cette époque, je n'étais pas extrêmement motivée car je venais de quitter mon copain australien pour voyager deux mois seule. Être loin de lui n'était pas facile. En plus de ça, je n'étais pas du tout prête physiquement. J'avais bien trop d'affaires sur mon vélo : deux sacoches, plus une remorque à l'arrière. Je me souviendrai toujours de ma première grimpette. Il pleuvait et je maudissais les gens assis confortablement dans leur voiture qui me doublaient. Quand je suis finalement arrivée en haut, le temps était tellement mauvais qu'il n'y avait pas de vue. J'étais trempée, fatiguée, démotivée et je me suis promis à ce moment là de ne plus jamais pédaler dans les montagnes.

Mais me voilà, un an plus tard, à nouveau face à du relief. Je suis un peu impressionnée par cette grosse masse devant moi, avec sa route en lacets. Mais grâce à Mike, cette fois je crois en mes capacités, et j'ai hâte de voir comment je vais m'en sortir. Selon lui, si j'ai réussi à parcourir tous ces kilomètres jusque-là, il n'y a pas de raison que je n'y arrive pas. Je suis en forme et en bonne santé. Je me répète ces mots en commençant la montée, Mike à l'arrière. Je lui ai demandé de passer la première, pour que je puisse aller à ma vitesse. Ça m'aide beaucoup de savoir qu'il est juste derrière, comme s'il m'envoyait des ondes positives pour me pousser. Nous pédalons donc, doucement mais sûrement, vers le haut de cette montagne. Plus rapidement que prévu, nous arrivons en haut. Nous l'avons fait ! Mike me félicite. J'ai fait du bon travail.

Je déborde de joie. Quel soulagement. La vue sur la vallée en bas est incroyable. Nous faisons une pause pour prendre quelques photos bien méritées. Pour la descente, il suffit de se laisser porter, c'est fantastique !

Malheureusement, le jour d'après nos chemins se séparent à nouveau. C'est l'heure de dire au revoir à Mike. Je le remercie pour sa compagnie si agréable et lui souhaite plein de bonnes choses sur la route d'Athènes, où je ne vais pas, hélas. J'ai vraiment passé de très bons moments avec lui et j'espère avoir la chance de le revoir un jour.

Pour le moment, il me faut affronter une fois de plus la solitude. Arriver au sommet d'une montagne seule est quelque chose de bien différent. Il n'y a personne pour t'encourager, il faut que tu le fasses toi-même. Depuis ce matin, la route sur laquelle je pédale descend dans la vallée. Je suis maintenant entourée de montagnes. Je ne peux pas voir où va la route, mais ce gros mur vertical en face de moi me donne la chair de poule. Le ciel est sombre et nuageux. Une atmosphère oppressante. Je me sens toute petite et si impuissante face à ce décor si impressionnant. Les voitures sont rares ici. J'ai l'impression qu'il n'y a que moi et ces hautes montagnes. Malgré tout, j'arrive étonnamment à pédaler 90 km aujourd'hui. Les montées sont longues, mais pas trop raides, donc largement faisables. Les descentes sont rapides, ce qui me permet d'atteindre la côte en fin d'après-midi. C'est la saison basse à cette époque de l'année, donc je trouve facilement un hôtel fermé avec un jardin pour y planter ma tente et passer la nuit. C'est magnifique ici. Les montagnes rejoignent la mer. Dans ce paysage incroyable, je m'endors, physiquement fatiguée mais fière de moi.

La route le long de la côte n'est pas de tout repos, mais formidable. Ce n'est jamais plat, mais les montagnes d'un côté et la mer de l'autre offrent un paysage splendide. J'apprécie ces quelques jours sur la côte.

La température est agréable et la météo plutôt ensoleillée. En cette basse saison touristique, il est toujours très facile de trouver un endroit où dormir. Ce soir, je cherche une connexion Wifi. Il y a un grand hôtel en face de la mer. Je frappe à la porte, bien qu'il ait l'air fermé. Quelqu'un à l'intérieur m'autorise à rentrer prendre un café pour utiliser la connexion internet. Le jeune homme d'une vingtaine d'années a besoin de parler, donc nous discutons ensemble un moment. C'est le fils du propriétaire, et il a l'air de s'ennuyer profondément. Après presque deux heures de conversation, j'ose enfin demander si je peux poser ma tente dans leur jardin, puisqu'il n'y a aucun client. À la place, les propriétaires m'offrent une chambre luxueuse pour la nuit. Un balcon donne vue sur mer. Une nuit dans un tel endroit doit valoir beaucoup d'argent. Je profite pleinement de cette opportunité - ça n'arrive pas tous les jours !

Après une nuit calme, confortable, et au chaud, je remercie infiniment les propriétaires pour cet accueil chaleureux si inattendu. Ils me laissent leurs coordonnées et me proposent de revenir en été pour travailler. Je mets soigneusement leur carte dans mon portefeuille, qui sait. Je n'en reviens pas. Qui va dans un hôtel pour un café et en sort le jour d'après avec une nuit offerte et un travail ? Le voyage a vraiment son lot de surprises.

Mon dernier jour en Grèce, après deux semaines dans le pays, se termine en compagnie d'un chien adorable. Cela vient contrebalancer les expériences que j'ai eues avec ces bêtes dans ce pays jusqu'ici. En Pologne, j'avais déjà été poursuivie par des chiens lorsque je traversais des villages. Terrorisée au départ, j'ai appris à adopter le bon comportement pour qu'ils s'arrêtent. Lorsqu'ils me poursuivent, ce qu'ils aiment c'est courir après quelque chose. Une fois qu'ils arrivent à ma hauteur, ils se lassent et s'arrêtent. Donc au lieu de pédaler plus vite, par réflexe, je ralentis. Ils ne voient alors plus d'intérêt à me courser. Mais ce principe est difficile à appliquer en Grèce, où les chiens sont immenses. Ceux rencontrés sur la route sont surtout des chiens de berger, éduqués pour protéger les moutons. Il ne vaut mieux pas avoir à faire à eux. A priori ils ne sont pas dressés pour mordre, mais je ne préfère pas essayer. Ils m'impressionnent trop pour que j'arrive à rester calme. Je ne peux m'empêcher d'accélérer.

Néanmoins aujourd'hui je passe dans un village où deux chiens commencent à me suivre - et non me poursuivre - un de chaque côté, comme des gardes du corps. Lorsque je rejoins la route principale, l'un retourne au village, l'autre m'accompagne sur la route. C'est un chien tout blanc, rigolo, qui a tout le temps l'air heureux. Lorsque je le regarde, je ne peux m'empêcher de sourire. Quand il marche à côté de moi, j'ai l'impression qu'il danse. Mais je suis inquiète pour lui car il marche souvent au milieu de la route, et j'ai peur qu'une voiture le renverse. À chaque fois, je siffle pour qu'il vienne à ma droite, afin qu'il soit protégé. C'est amusant de l'avoir à côté de moi, mais j'ai l'impression qu'il ne partira jamais. Il va se perdre. J'essaye donc de lui faire peur, et lui crie dessus pour qu'il fasse demi-tour, mais rien n'y fait. Il continue à me suivre. Au bout d'un moment, je vois qu'il commence vraiment à fatiguer et à avoir soif, donc je fais tout ce que je peux pour qu'il s'en aille, pour son bien. Je m'arrête en haut d'une pente, lui donne un peu de nourriture pour l'occuper, puis je repars vite. Il commence à courir après moi, mais je suis en descente donc plus rapide que lui. Après un certain temps je me retourne. Il n'est plus là. Va vivre ta vie petit chien. J'espère que tu trouveras une famille ou des amis pour te tenir compagnie, tu as beaucoup à donner. Au revoir petit chien, au revoir la Grèce.

CHAPITRE 8

Le long de la côte de l'Albanie à la France

Je suis contente d'enfin découvrir l'Albanie, pour m'en faire ma propre opinion. Beaucoup m'ont mise en garde sur ce pays concernant la mafia et la malhonnêteté. Mais les gens ont toujours peur des autres et j'apprends à ne pas prendre en compte ces avertissements. La frontière de la côte avec la Grèce est très calme et je n'ai aucun problème pour rentrer dans le pays. Mais ma traversée de l'Albanie commence difficilement. Non pas à cause des gens, qui ont été adorables jusqu'à maintenant, même si je n'ai pas vu grand monde. Mais parce que la route aujourd'hui monte et descend constamment. Mais rien à voir avec la Grèce. C'est tellement pentu que je n'ai d'autre choix que de pousser mon vélo. Mais avec un vélo chargé comme le mien, mes petits bras sans muscles souffrent. C'est même douloureux au bout d'un moment. Il faut que je m'arrête régulièrement, ce qui me prend beaucoup de temps. Je m'arrête devant le panneau de signalisation rouge et blanc qui affiche le numéro 10. Dix est souvent un chiffre porte-bonheur, dix c'était le maillot de Zidane, tout le monde aime le numéro dix. Mais ce 10% là me donne bien du fil à retordre. En voiture, on ne réalise pas que c'est pentu, mais avec un vélo comme le mien c'est une autre histoire.

Doucement mais sûrement, je fais mon bout de chemin en Albanie, où je n'ai pas à passer une seule nuit dans ma tente. Et ça c'est grâce à

Arbana. J'ai pris contact avec elle grâce à mes voisins albanais à Paris. Elle a immédiatement pris soin de moi comme sa propre fille. Elle me téléphone tous les jours pour s'assurer que je vais bien, et s'inquiète plus que ma propre mère. Je ne l'ai encore jamais rencontrée, mais j'aime sa voix forte et pleine d'énergie. Au téléphone, il n'y a jamais de silences, et je raccroche toujours avec un grand sourire. Elle me fait du bien.

Cela me rappelle que dans moins d'un mois je vais retrouver ma mère, mon père, mon frère et d'autres membres de ma famille. Comment mes parents vivent-ils le fait d'avoir pour fille une aventurière ? Ça ne doit pas être facile tous les jours ! Je suis consciente que les moyens de communication sont bien meilleurs qu'avant, mais quand même. Je ne peux pas tout le temps donner des nouvelles, et les risques que je prends en voyage ne sont pas les mêmes que dans ma vie routinière parisienne. C'est pourquoi, même si ce n'était pas vraiment dans mon programme, j'ai finalement accepté de me rendre chez mes grands-parents dans le Sud de la France pour Noël, avant d'embarquer pour le Maroc. Toute la famille du côté de ma mère sera réunie pour l'occasion, je ne pouvais donc pas faire un projet de mon côté. Au final, ça me rend très heureuse et j'attends avec impatience ces quelques jours de repos en famille. Ma grand-mère va sûrement me gâter en me préparant mes plats français préférés. Ce sera l'occasion de reprendre du poids - une bonne chose avant d'aller en Afrique. Il me tarde donc d'arriver. Mais il y a encore du chemin à parcourir ! Environ 2000 km de Saranda à Cannes par la côte Adriatique. Si je suis en retard, je sauterai dans un bus. À ce stade du voyage, je n'ai plus rien à me prouver.

De ce que j'en ai vu jusqu'à maintenant, l'Albanie est un très beau pays, bien plus préservé que la Grèce. Sur la côte, il y a parfois quelques maisons ou un petit village local. Les infrastructures touristiques ne sont pas encore tellement développées. À certains endroits, la mer est transparente, d'un bleu clair magnifique.

"Salut, comment vas-tu ? Je suis si contente de te rencontrer !" Cela fait maintenant une semaine que je suis en Albanie, et je ne pouvais en partir sans rencontrer Arbana, ma maman albanaise, comme je la surnomme. Nous nous sommes tout de suite reconnues devant ce café à Durrës, où elle est venue me rejoindre. J'ai l'impression de revoir quelqu'un que je n'ai pas vu depuis longtemps. Je l'apprécie instantanément. Un ami à elle se joint à nous. Ils sont tous les deux impressionnés par mon voyage, me posent beaucoup de questions, bien qu'ils pensent que ce soit un projet un peu fou. Surtout en étant une femme, seule, à vélo, en Albanie. Je commence à connaître la musique !

Nous passons un bon moment à discuter. Arbana habite à Tirana, la capitale du pays, située à une heure d'ici. Elle est venue à Durrës pour me rencontrer, et je lui en suis reconnaissante. Tirana n'est pas sur mon chemin et les grandes villes ne sont jamais un bon moment à passer à vélo. Je n'avais donc pas envie de faire le détour. Arbana a parlé de moi à tout le monde. Son ami Flori qui passe la journée avec nous s'attendait à ce que je loge chez lui ce soir. Son père est très excité à l'idée de pouvoir parler français, et veut me faire goûter son fromage. Je suis à Durrës depuis deux jours déjà, mais je ne veux pas décevoir Flori et sa famille, alors je vais rester.

- Tu pourrais même venir à Tirana en bus demain, que nous passions à nouveau la journée ensemble, suggère Arbana.

- Quelle bonne idée ! C'est d'accord, je réponds avec beaucoup d'enthousiasme.

Tirana est une ville d'un demi million d'habitants seulement, mais quel désordre. Le bus a dû mal à se frayer un chemin jusqu'à la station au milieu de ce chaos. Il y a beaucoup de trafic, et personne ne respecte les règles. Bienvenue dans la capitale ! Je suis quand même contente de la visiter, surtout avec une albanaise. Nous sommes invités à déjeuner chez les parents d'Arbana. Nous y mangeons comme des rois, comme chez Flori la veille. La devise ici c'est de manger autant que possible. Il ne devrait plus rester une quelconque place dans ton estomac quand tu quittes la table. Pour une cycliste comme moi, qui a l'habitude de se priver sur la route, c'est très plaisant. C'est si bon de se sentir rassasiée.

Très contente de mes deux nuits supplémentaires à Durrës et de ma journée à Tirana, je reprends la route. Ce soir, je rencontre un cycliste suédois qui pédale sur la côte Adriatique dans l'autre sens, pour se rendre en Afrique de l'Est. J'ai l'impression de faire un pas supplémentaire dans la communauté des cyclistes en Afrique. De forts vents sont attendus ce soir, il a donc trouvé un hôtel-restaurant où nous pouvons mettre notre tente dans la véranda, un endroit protégé. Nous dînons ensemble. L'autre cycliste commande un plat, pendant que je mange ma nourriture personnelle. Je suis trop économe pour dépenser quoique ce soit.

Le patron, un albanais de petite taille qui parle à peine anglais, s'assoit à notre table à plusieurs reprises. Je hais la façon dont il me regarde. Il me mange du regard. Ce genre de regard vicieux qui veut tout dire. Lorsqu'il nous propose de prendre une douche, j'essaye d'oublier ça, et voir ce qu'il y a de positif en lui. Peut-être ai-je simplement mal interprété son regard ? Je le suis donc à l'étage. L'autre cycliste reste en bas, et je sens tout de suite que quelque chose ne va pas. J'ai été bien trop naïve. Nous ne sommes que tous les deux à l'étage. Le patron me dit quelque chose, puis me prend dans ses bras. Un câlin forcé, qui signifie *je t'ai.* Mes bras sont le long de mon corps et ne peuvent pas bouger. En l'espace d'une seconde, il prend soudain ma tête avec ses deux mains et m'embrasse sur la bouche. Tout se passe si vite que je ne fais rien, complètement sous le choc. Je quitte la pièce en courant et retourne en bas. Quel cauchemar. Que ce serait-il passé s'il avait fermé la porte à clé ? Si personne ne m'attendait en bas ? Rien que d'y penser, j'en tremble. Je me rassois à la table, sans dire mot.

J'espère naïvement qu'il a dérapé, et que l'albanais va venir s'excuser. Mais bien sûr ce n'est pas le cas. À la place, il revient plusieurs fois à la charge, avec le même regard, en insistant sur cette satanée douche. Je suis pleine de honte et d'agacement. Mais c'est lui qui devrait avoir honte ! J'aimerais avoir assez de caractère pour me révolter et dire quelque chose. J'ai la nausée, je me sens perdue, sale, impuissante, pathétique. Mais je ne veux pas faire une scène dans son propre hôtel-restaurant. Et où irons-nous dormir sinon ? J'entends le vent terrible à l'extérieur. Impossible de camper autre part. Il se fait tard, nous sommes coincés. Je demande à l'autre cycliste de dormir dans la même tente que lui. Je suis au moins rassurée par ça. J'aurais été trop terrorisée de dormir seule avec cet homme dans les parages.

Le lendemain, je m'empresse de quitter l'endroit, bien que la tempête ne soit pas encore passée. L'autre cycliste doit se demander pourquoi je veux à tout prix partir malgré le vent et la pluie. Mais il m'en faudrait bien plus pour rester ici, avec cet homme aux alentours. Mieux vaut être au milieu d'une tempête.

Malheureusement à peine une heure plus tard, je dois m'arrêter de pédaler. J'ai pu supporter la pluie et le vent jusque-là, mais maintenant j'en suis à un point où je ne peux même plus tenir debout. Le vent me pousse à droite, puis à gauche, soit vers les voitures, soit vers le ravin. Plusieurs fois, je suis à la limite de cogner un véhicule. Je m'arrête une seconde pour reprendre mes esprits et continue, car je ne sais que faire d'autre. Mais maintenant il est bien trop dangereux d'être à vélo, ou même d'être dehors. Le simple fait de rester debout est un combat ! Beaucoup d'objets volent. Toutes les voitures roulent au pas, leurs feux de détresse allumés. Quant à moi, il faut que je trouve un endroit protégé pour m'arrêter.

J'atteins enfin une station-service. Je reste dehors pour pouvoir demander aux véhicules qui s'arrêtent prendre de l'essence s'ils peuvent m'emmener à Shkoder. Là-bas, de la famille d'Arbana m'attend. Mais bien sûr, avec une telle météo personne ne s'arrête, même pour prendre de l'essence. Un employé sort de la boutique pour me dire de venir prendre un café, offert par la maison. Enfin quelqu'un qui a de la peine pour moi ! Je ne suis finalement pas seule au milieu de cette tempête. Je rentre donc à l'intérieur, couverte de vêtements de pluie trop grands pour moi. Les quelques personnes assises me regardent telle une extra-terrestre. Après mon café, j'irai demander si je peux poser ma tente et dormir ici ce soir. J'appelle Arbana qu'elle puisse prévenir les gens qui m'attendent que je suis coincée ici. Elle panique un peu, bien que je lui assure qu'à présent tout va bien. Elle veut trouver une solution pour que j'atteigne la ville ce soir, car elle ne veut pas que je dorme à la station essence. Elle se sent responsable de moi, et je n'arrive pas à être assez convaincante pour lui prouver le contraire.

Je n'ai donc pas tellement d'autre choix que de rejoindre la ville de Shkoder pour qu'Arbana ne s'inquiète pas - même s'il est sans doute plus risqué de retourner dehors. Je remercie le monsieur pour le café et rejoins mon vélo à l'extérieur, qui est complètement trempé. Tout le monde me regarde franchir la porte, en pensant sûrement que c'est une idée stupide. Ce n'est pas moi qui les contredirait. On dirait que les toits vont s'envoler. Je me mets sur le bord de la route avec mon pouce en l'air, en espérant que quelqu'un s'arrête. Je ne peux clairement pas pédaler, donc je suis complètement dépendante des autres, chose que je déteste. Personne ne veut sortir de sa voiture confortable et se mouiller, donc je reste là un moment, de plus en plus désespérée. Un minibus s'arrête enfin. Bien que je sois un peu déçue que ça implique de dépenser de l'argent, je saute à l'intérieur, heureuse qu'il y ait assez de place pour mon vélo à l'arrière. Je vais arriver à Shkoder saine et sauve. La tension redescend.

Le couple de retraités qui m'accueille a l'air très heureux de me voir, et c'est réciproque. Je crois qu'ils avaient perdu espoir. Je reçois un accueil chaleureux malgré leur inquiétude. C'est fini maintenant, je suis là. Tout ira bien. Je mets mes vêtements à sécher, prends une douche bien chaude, et apprécie un bon repas chaud avec ce couple charmant. J'ai rarement vu une table avec autant de nourriture. On dirait qu'ils ont tout sorti du frigidaire ! Je suis enchantée, et bien que nous n'ayons aucune langue en commun, j'essaye de leur montrer combien je leur suis reconnaissante.

J'arrive au Monténégro le lendemain. Les bouches de Kotor sont connues pour leur beauté. Nous sommes en décembre maintenant, la météo sur la côte est plutôt douce, mais malheureusement très pluvieuse. Je veux bien croire que cette baie est magnifique, mais aujourd'hui le temps m'empêche de vraiment en profiter. Les montagnes autour de l'eau sont cachées par les nuages, l'eau est agitée, et j'ai vraiment froid. J'essaye de m'imaginer sous le soleil, et je suis persuadée que ce doit être merveilleux. Dans l'après-midi, c'est de la grêle qui s'abat sur moi. Peu de commerces sont ouverts pendant cette période non touristique. Je rentre dans le premier café-bar que je trouve. C'est un endroit très local, d'une seule petite pièce. Tout le monde semble se connaître, et il n'y a pas une seule femme ici. Quand j'entre, tout le monde me dévisage. Je ne suis pas sûre qu'ils aient déjà vu une femme dans ce bar auparavant. Je m'assois, enlève mes vêtements de pluie de la façon la moins attirante possible, et commande un café. Les conversations reprennent, mais tous continuent à jeter un œil sur moi. Je reste là tout l'après-midi, pour me remettre du froid. Je ne suis pas du tout motivée à reprendre la route aujourd'hui.

Un shot, deux shots, trois shots. Je dis non au quatrième, mais il est quand même sur la table devant moi. Je suis déjà un peu pompette. Après plusieurs heures ici, je suis de plus en plus intégrée. Un jeune homme sympathique, le seul qui parle anglais, bavarde avec moi. Les autres essayent aussi d'entrer en contact. Je passe du bon temps, mais me sens un peu coupable. J'ai l'impression qu'ils me payent à boire et s'intéressent à moi car je suis une femme. Est-ce mal de profiter de ça ? Je me sens désirée, je suis le centre de l'attention, et après des journées de pluie et de solitude, je dois avouer que ça fait du bien. J'essaye donc de prendre du recul sur mon esprit stéréotypé qui me fait culpabiliser. Ce n'est pas parce que je bois un verre, que j'accepte quoique ce soit avec la personne qui me l'offre. Néanmoins, j'ai l'impression que c'est ce qui est attendu et c'est pourquoi la situation devient un peu gênante. Je range donc mes affaires, dis au revoir à tout le monde, et m'en vais.

La ville de Dubrovnik en Croatie, à 80 km de Kotor, est un délice. Marcher au milieu de la ville, décorée par les lumières de Noël, égayée par de la musique, est digne d'un conte de fée. Je passe ce moment magique avec Pavo, mon hôte. Le centre de la ville est de style médiéval avec des ruelles commerçantes bien agréables. C'est suffisamment petit pour pouvoir se perdre en se baladant, au milieu de nombreux touristes qui sont aussi venus visiter cet endroit magnifique.

Toute la côte croate est plaisante et je pédale chaque jour avec beaucoup d'entrain. Je devrais arriver à temps en France pour Noël, et je sens à présent que cette partie du voyage touche à sa fin. Je suis impatiente de retrouver ma famille et de profiter d'un peu de confort. Les moments difficiles sont plus faciles à surmonter car la pause arrive dans deux semaines seulement. Ce soir, j'aurais vraiment aimé être dans un bon lit. Je suis dans un café à Zadar à attendre que mon hôte arrive. Il n'est toujours pas parti de l'endroit où il est actuellement, à une heure d'ici. Je comprends qu'il n'arrivera jamais. Il est 22 heures, le café ferme. Je suis maintenant sans abri. Trouver un endroit pour dormir n'est jamais un problème, tant que ce n'est pas dans une grande ville, comme là où je suis. Et à cet instant précis il est tard, il fait noir, et il y a du vent. Je me dirige donc vers un camping que j'ai repéré sur mon plan, en espérant trouver autre chose en chemin.

J'arrive au bord de la mer. L'endroit est calme et paisible, avec quelques bars et restaurants, qui sont fermés. L'un de ces bars possède une terrasse couverte, sans barrière. Il y a une table haute et des bancs. Épuisée, je choisis d'emblée cet endroit, protégé du vent, donc normalement il ne fera pas trop froid. Je ne monte pas ma tente, pour rester aussi discrète que possible. À la place, j'organise tout pour dormir sans être vue, et avec un minimum de confort. Les murs forment un coin et me permettent d'être cachée lorsque je suis assise ou allongée. Je prends le matelas qu'il y a sur le banc, étonnamment très propre, et me fais un lit sur le sol. Je pousse une table au bout de ce couchage modeste, et mets mon vélo à côté de moi. Le tout est plutôt confortable, mais je me sens encore plus vulnérable sans tente. Mon vélo est si près de moi que je peux le toucher, et je suis contente de sentir sa présence. Je ne sais qu'en penser ; fière d'être fidèle à mes principes - je passe la nuit par mes propres moyens - ou honteuse d'être aussi têtue. Ce n'est pas très fûté de dormir toute seule en extérieur dans une ville. Mais comme je passe une bonne nuit, je pars de bon matin, satisfaite de mon choix.

Le jour suivant, la météo est menaçante. Il n'y a personne ici, car l'autoroute est parallèle, donc très peu de voitures empruntent la route sur laquelle je suis. Il n'y a pas non plus de village. Je vois seulement de temps à autre une maison, souvent abandonnée. La route serpente au milieu de la roche et je me sens oppressée. Un vent terrible se lève dans l'après-midi. Je peux encore rouler, mais je dois faire très attention. La journée touche à sa fin, et je commence à m'inquiéter. Où vais-je bien pouvoir dormir ? Non seulement avec ce vent il m'est impossible de monter ma tente, mais en plus le sol est rocailleux. Je suis heureuse de voir sur ma carte qu'un petit village devrait bientôt se trouver sur mon chemin. Je dois descendre toute une route pour l'atteindre, donc je vais devoir tout remonter le lendemain. Mais peu importe, j'espère y trouver un endroit où passer la nuit.

Malheureusement, mon enthousiasme retombe quand je me rends compte que ce n'est qu'un village de vacances. Et ce n'est pas les vacances ! Tout est donc fermé, y compris les volets. Je suis anéantie. Je commence à marcher pour voir quelles options s'offrent à moi, quand soudain, j'aperçois une lumière. Là, à l'intérieur d'un appartement, je peux voir de la lumière et une voiture est garée devant. C'est sûr, il y a quelqu'un. Je ne me sens pas très à l'aise de frapper à la porte de parfaits inconnus, sans savoir qui se cache derrière. Mais ça semble être ma seule chance. Je frappe donc à la porte, en comptant sur mon bon karma. J'ai toujours défendu le fait que la plupart des gens sont bons, c'est maintenant qu'il faut se le répéter.

Une retraitée aux cheveux gris courts m'ouvre la porte. De premier abord, elle a l'air sympathique. Elle ne s'en va pas en courant, et ne me claque pas la porte au nez, c'est un bon début. Je me sens en confiance car c'est une femme, donc je lui explique mon problème. Elle ne parle pas anglais mais comprend rapidement que j'ai besoin d'un toit, étant donné la tempête qu'il y a dehors. Elle consulte son mari et après s'être tous les deux assurés que je voyage seule, ils m'ouvrent la porte. J'entre avec mon vélo, pendant qu'ils me réchauffent une soupe. C'est délicieux, et c'est l'occasion pour nous d'échanger quelques mots. Ils sont très intéressés et se montrent curieux envers moi. Je leur fais voir quelques photos de mon voyage, ça vaut mieux que des mots. Eux me montrent des photos de leur famille. Je suis souriante au possible, bien consciente de la chance que j'aie d'être à l'abri ce soir. Malheureusement, ils me font comprendre qu'ils partent en voyage très tôt demain matin. Ils n'ont donc d'autre choix que de me faire partir à la même heure, à 4h30. Ils ont l'air sincèrement désolés, mais je les rassure. Je suis déjà bien contente de passer une partie de la nuit chez eux, et d'avoir un toit jusqu'à leur départ.

Le réveil est dur, mais je remballe mes affaires comme prévu, les remercie, puis sors affronter le vent et la fraîcheur. Je trouve un balcon pour passer les quelques heures qui me restent avant le lever du soleil, et essaye péniblement de dormir. Le vent n'a pas perdu de son intensité depuis la veille. On dirait que les toits et les poteaux vont s'envoler. Fermer les yeux est encore pire, j'ai dû mal à trouver le sommeil. Je suis bien contente quand la lumière du jour apparaît, je peux enfin reprendre la route.

Une heure plus tard, la pluie commence. C'est trop pour moi. Je suis fatiguée de lutter tous les jours dans ces conditions. Je n'ai qu'une envie, c'est d'arriver enfin en France pour être avec ma famille. Deux nuits d'affilée sans beaucoup de sommeil, et deux journées difficiles, j'ai vraiment besoin d'une pause ! Je décide donc de faire du stop. Il y a toujours aussi peu de monde sur la route, mais je finis par être assise confortablement dans une voiture. Le monsieur me conduit jusqu'à Rijeka, où un jeune couple m'héberge ce soir. Nous allons boire une bière, passons un bon moment, et je repars plus motivée le jour suivant.

Après la Croatie, je traverse une petite partie de la Slovénie, en altitude. Une fine couche de neige recouvre la route. Heureusement, ce n'est pas trop glissant, mais mes vêtements sont mouillés. Je suis gelée en descente. Mes mains sont particulièrement douloureuses à cause du froid. Cela me fait prendre conscience que je ne peux pas échapper à l'hiver - qui est déjà arrivé - et je ne sais pas comment je vais l'affronter. Je me remets sur pieds à Trieste, une jolie ville italienne avec de beaux monuments.

Je passe la nuit suivante dans ma tente près d'un gros tracteur, dans le garage d'un couple de quinquagénaires. Il fait trop froid pour rester dehors. Il ne doit pas faire plus de zéro degrés. Par chance, le couple me fait entrer dans leur maison afin que nous passions la soirée ensemble. Je peux au moins me réchauffer avant de retourner dans ma tente. Le lendemain, malgré l'épais brouillard dehors, je quitte cet endroit, après un petit déjeuner copieux. Mais après deux heures de vélo à me persuader que je peux le faire, je m'arrête finalement dans une station-service. Le brouillard n'a pas du tout disparu, et j'ai perdu tout espoir de voir le soleil me réchauffer. Mes mains, pieds et jambes sont congelés. Une fine couche de glace recouvre mes vêtements. Même mes cils sont littéralement gelés, une première. Il faut que je m'arrête, c'est insensé de pédaler par ces températures avec un équipement d'été. Il faut que je sois en forme pour mon voyage en Afrique.

Il y a un café-restaurant à la station-service, mais comme nous sommes dimanche c'est fermé. Heureusement, le seul employé qui travaille à la pompe m'autorise à me réfugier dans son bureau. Il branche un petit chauffage électrique devant ma chaise et partage un biscuit avec moi. Je reste un moment comme ça, à me demander comment je vais bien pouvoir arriver en France à vélo. Maintenant que j'ai quitté la côte pour traverser les terres, les températures ne vont cesser de baisser. La solution la plus raisonnable serait de prendre le train. Nous sommes le 17 décembre, ça me permettra donc de me reposer quelques jours de plus chez mes grands-parents, et ça ne peut que me faire du bien. Par chance, l'homme qui travaille ici, nommé Cornel, finit le travail à midi et propose de me conduire moi et mon vélo jusqu'à la gare de sa ville, Padoue.

Au guichet, je demande le premier train pour Cannes. Malheureusement, l'employée en face de moi m'annonce qu'il y a une grève aujourd'hui et qu'aucun train ne part. Je n'ai d'autre choix que d'acheter des billets pour le lendemain matin. Quatre billets, pour quatre trains différents, car les trains directs n'acceptent pas les vélos. Mais ce sera toujours mieux que d'avoir à pédaler. Ça me permet de passer un après-midi agréable avec Cornel, qui me guide dans la ville de Padoue. Malgré ses efforts pour me trouver un lit chez un de ses amis, je passe la nuit dans sa voiture, devant chez lui. Cornel habite chez ses parents et ne peut pas me faire entrer. Ce n'est pas un problème pour moi, mais lui est très embarrassé par la situation.

- Ne t'inquiète pas, ça ira pour moi. C'est déjà fantastique que tu aies pu me conduire jusqu'à une gare, et je suis ravie de ne pas me ruiner avec une chambre d'hôtel. Je te dois beaucoup.

- Mais tu vas tellement mal dormir. Je suis sincèrement désolé. J'aurais aimé que les choses se passent autrement.

- Demain soir je serai chez mes grands-parents, dans un vrai lit, et je ne m'y rends même pas en vélo. Donc aucune inquiétude, si je ne trouve pas le sommeil.

Il me laisse son manteau pour la nuit, et disparaît chez lui, après avoir fini le vin que nous avons acheté ensemble. L'alcool me fera mieux dormir.

Le lendemain, Cornel s'assoit dans la voiture à côté de moi avec un grand sourire et de quoi manger. Quel ange ! Il s'est levé encore plus tôt qu'habituellement pour me conduire à la gare avant d'aller au travail. J'aurais pu y aller à vélo, mais il est trop prévenant pour me laisser me débrouiller toute seule. Je l'enlace chaleureusement pour lui dire au revoir, le remercie infiniment, et pousse mon vélo vers la gare.

Dans le train pour Cannes, je prends enfin conscience que cette première partie du voyage est terminée. Une page se tourne. Je suis nostalgique. Mon regard s'évade par la fenêtre et de nombreux souvenirs des derniers mois surgissent. Quelle expérience incroyable ! Grâce à ma motivation, j'ai finalement pédalé 11162 km. Même si ce ne sont que des chiffres, ils reflètent les nombreuses histoires que j'ai pu vivre tout au long de mon voyage. Je m'endors, avec un sentiment d'accomplissement qui me comble de bonheur, enchantée par l'aventure qui va suivre.

Le grand départ, Paris, France, Juin 2017

Arrivée à Stockholm après 2000 km à vélo,
Suède, Juillet 2017

Le plaisir du bivouac dans la nature, Finlande, Août 2017

Difficile d'être plus au Sud du continent,
Grèce, Novembre 2017

À Tan-Tan avec Martin, Maroc, Janvier 2018

Paysage quotidien du désert,
Mauritanie, Février 2018

Passage du Tropique du Cancer,
Sahara Occidental, Février 2018

Les joies du camping, Maroc, Janvier 2018

Submergés d'enfants, Guinée-Bissau, Mars 2018

Un raccourci difficile, Rwanda, Mai 2018

Une rencontre hors du commun, Kenya, Avril 2018

Gare aux animaux, Botswana, Juin 2018

PARTIE 2. L'AFRIQUE

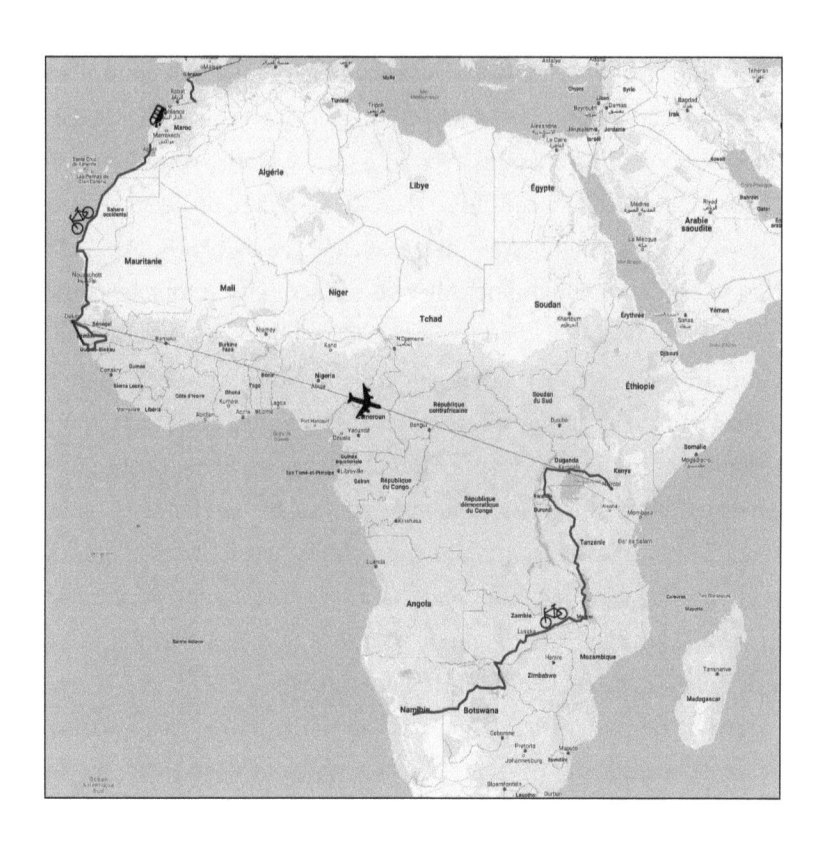

CHAPITRE 1

De l'Europe à la porte du Sahara par le Maroc

Je fais un signe d'au revoir à mes parents, qui m'ont conduite avec mon vélo jusqu'à Sète. Le bateau immense qui se tient face à moi va m'emmener vers de nouvelles aventures. Il me faudra deux jours et une nuit pour arriver sur le continent d'en face : l'Afrique. Je suis contente que mes parents soient avec moi. Bien que ce soit mon choix d'aller là-bas, je suis un peu inquiète. Aller vers l'inconnu est toujours quelque chose d'excitant autant qu'effrayant. Mes parents doivent être encore plus inquiets que moi, et j'aimerais pouvoir les réconforter. Mais je ne peux pas leur garantir que tout ira bien. C'est ce que j'aime aussi, prendre des risques et me sentir vivante. Plus j'avance vers le ferry et m'éloigne de mes parents, plus l'émotion me gagne. J'ai la chance d'avoir des parents incroyables, toujours à soutenir mes projets fous malgré leurs appréhensions. Ils étaient avec moi il y a sept mois quand j'ai commencé mon voyage en Europe. Et voilà qu'ils sont à nouveau à mes côtés, pour le tout début de mon aventure africaine cette fois.

Avant de partir pour l'Afrique, j'ai lu des blogs, des forums, des articles, pour être sûre que ce n'était pas totalement inconscient d'aller pédaler là-bas, comme beaucoup le pensaient. En tant qu'européens, nous avons beaucoup de préjugés sur ce continent. Tout d'abord, sûrement à cause des médias, nous pensons l'Afrique comme un seul et même pays. L'Afrique est le continent des guerres civiles perpétuelles, des maladies mortelles comme Ebola et le paludisme, des problèmes politiques récurrents et des coups d'Etat, de la corruption, de la sécheresse, des enlèvements, de la pauvreté, et de la vie sauvage dangereuse. Mais il faut savoir qu'il y a 54 pays sur le continent. 54 situations différentes, 54 gouvernements différents, 54 passés différents. En plus de ça, il y a des climats différents, avec des saisons différentes. Penser qu'en Afrique il fait toujours chaud et sec est une grossière erreur. Allez dans le désert en hiver et vous serez gelés la nuit. Allez au Kenya pendant la saison des pluies, et vous vous ferez mouiller. Allez au Cap et vous aurez quatre saisons distinctes.

Pour ce qui est de la pauvreté, regardez un peu le Produit Intérieur Brut par habitant et vous verrez que celui de l'Afrique du Sud est supérieur à celui de la Serbie, et que celui de la Namibie est supérieur à celui de l'Albanie. Je conçois que la plupart des pays africains sont à la fin de la liste mondiale des PIB, mais c'est aussi une façon bien occidentale de voir le monde. La richesse pourrait être calculée d'une toute autre façon. Parce que s'il y a une chose dont l'Afrique jouit bien plus que nos sociétés modernes, c'est bien de solidarité. Et cela n'est-il pas une richesse bien plus importante que l'argent ?

J'avais moi aussi beaucoup d'idées reçues négatives sur l'Afrique quand j'ai quitté la France. J'étais moi aussi inquiète, apeurée, et je me demandais si ce n'était pas trop risqué d'aller là-bas seule, pour le simple plaisir de voyager. Mais je suis plutôt têtue, et je suis sûre que les gens qui me connaissent peuvent le confirmer. Si je n'avais pas décidé d'y aller cette année, je l'aurais fait tôt ou tard. Et le bon moment c'est maintenant. J'ai la motivation, la force, l'énergie et encore un peu d'insouciance de ma jeunesse. J'ai même quelqu'un qui m'attend à

Tanger pour vivre cette aventure ensemble. C'est rassurant aussi bien pour mes proches que pour moi. Bien qu'ils soutiennent mes voyages, mes parents ont insisté pour que j'aille en Afrique avec quelqu'un. Et après sept mois seule, je suis enfin prête à réitérer l'expérience du voyage à vélo à deux.

Martin et moi sommes en contact depuis début novembre, c'est-à-dire depuis deux mois. Warmshowers n'est pas seulement un site utile pour l'hébergement, il permet aussi l'échange d'expériences des cyclistes. Étant donné qu'il y a eu des enlèvements il y a quelques années en Mauritanie et que le Sahara est encore de nos jours une zone de tension, il était important d'avoir des informations actualisées sur la sécurité des cyclistes. J'ai alors laissé un commentaire sur un forum, en écrivant vouloir de la compagnie pour traverser ce désert. Les jours peuvent être longs dans cette région isolée du monde. C'est à ce moment-là que j'ai reçu un message de Martin me disant qu'il était en chemin pour le Maroc et qu'il pourrait être à Tanger début janvier. Pile au bon moment !

J'ai tout de suite commencé à fouiller internet pour en savoir plus sur lui. Je trouve triste de juger les gens par rapport aux réseaux sociaux, mais c'est tout ce que j'ai. C'est un jeune homme qui a l'air d'avoir mon âge. Il a de bons commentaires sur Warmshowers et beaucoup de photos dans des pays différents. Nous avons commencé à discuter pour mieux nous connaître et surtout pour voir si nous pouvions voyager ensemble. Il y a autant de façons de voyager que de voyageurs, donc il faut s'assurer que ça puisse fonctionner. J'apprends alors qu'il bivouaque autant que moi, il a l'air facile à vivre, flexible, il écrit dans un bon anglais et a l'air très enthousiaste. J'ai tout de suite aimé notre façon de discuter ; un échange sur nos expériences similaires en Europe avec une touche de sarcasme.

Parfois, j'avais l'impression que tout était bouclé et je pouvais déjà m'imaginer pédaler avec quelqu'un d'autre. Il était temps ! Mais à d'autres moments je me demandais si nous allions être capables de faire les compromis nécessaires pour prendre la même route au Maroc. Il voulait aller dans les montagnes, j'avais toujours pensé pédaler sur la côte. Outre cela, Martin allait arriver à Tanger quelques jours avant moi, et il m'a dit plusieurs fois qu'il commencerait sans doute à pédaler. Ma famille est assez inquiète à l'idée de me voir aller au Maroc seule. C'est vrai que le pays a plutôt mauvaise réputation concernant le harcèlement sur les femmes. Martin et moi faisons alors tous les deux un effort sur notre itinéraire ; je laisse tomber la route de la côte et il accepte d'aller dans le Moyen Atlas plutôt que dans le Haut Atlas. Pour être sûre qu'il m'attende, j'accepte de prendre le ferry quelques jours plus tôt, afin d'être là fin décembre. Cela veut dire un peu moins de temps passé avec ma famille, mais il faut savoir faire des sacrifices.

Je passe les dix jours avant mon départ pour l'Afrique à préparer mon voyage. Il faut que j'achète des affaires spécifiques, comme un filtre à eau pour pouvoir boire l'eau courante, un panneau solaire pour recharger les appareils électroniques, davantage de gourdes pour transporter l'eau, des médicaments contre la diarrhée et le paludisme, un T-shirt à manches longues pour se protéger du soleil. Un voyage en Afrique demande plus de préparation car les conditions y sont plus précaires. Sur le ferry, j'essaye de ne plus trop penser à tout cela.

J'arrive deux jours plus tard, le 30 décembre 2017, à Tanger. Enfin, pas vraiment à Tanger, comme j'avais prévu, mais plutôt à Tanger Med, cinquante kilomètres plus loin. Comme le jeune homme qui devait nous héberger a réclamé de l'argent à Martin lorsqu'il est arrivé hier, ce dernier est parti. Je dois le rejoindre à l'auberge The Medina dans le centre de la ville. Lorsque le ferry arrive à destination, je demande aux passagers où se trouve la médina⁶ dans cette ville devant nous - qui est extrêmement petite. Une personne me répond qu'elle est à cinquante kilomètres. Après quelques minutes pendant lesquelles le malentendu persiste, je réalise que nous n'arrivons pas là où j'avais prévu d'arriver. Nous n'arrivons pas à Tanger ! C'est donc ainsi que je débute mon voyage sur le continent africain : personne ne vient me récupérer au port comme prévu, je vais devoir payer une nuit d'hôtel, et, pire que tout, je suis à cinquante kilomètres de ma destination du soir. Heureusement, j'ai rencontré des suisses très sympas sur le bateau. Ils ont une grosse Jeep avec une remorque, où je peux mettre mon vélo pour qu'ils m'emmènent.

Là-bas, je me retrouve au milieu d'une ville fourmillante, sur un autre continent, un peu perdue et submergée par tous les bruits, le trafic, la foule de gens dans la rue. Je suis ravie de savoir que quelqu'un m'attend pour traverser ça. Je pédale malgré le stress. Le stress d'être dans un environnement si différent, mais aussi de rencontrer la personne qui m'accompagnera pour cette nouvelle expérience. Et si on ne s'entend pas ?

J'attends Martin dans le hall d'entrée de l'auberge. Il est sorti, lassé de ne pas me voir arriver. Je m'assois, et feuillette livres et magazines. Mais je ne lis absolument rien du contenu, je suis anxieuse à l'idée de le rencontrer. Quand il fait enfin son apparition, j'essaye de paraître détendue, car les premières impressions sont importantes. Nous partons nous balader dans les rues étroites et animées de Tanger. Comme il est arrivé la veille, Martin connaît la ville un peu mieux que moi, donc je

---
⁶ Mot arabe signifiant le centre historique de la ville

le suis. Malgré la foule, il marche avec une confiance que j'aime. Il a l'air à l'aise. Nous nous asseyons dans un petit restaurant marocain, où seulement la moitié du menu est disponible. Nous commandons des lentilles, excellentes, servies avec du pain. Nous étalons une carte de l'Afrique et commençons à planifier l'aventure qui nous attend. Martin est très cultivé ! On voit qu'il a fait des recherches, il sait de quoi il parle, et il aime ça. Un autre bon point. Nous nous taquinons, rigolons, et la soirée se déroule de façon très agréable.

Nous décidons de partir le jour suivant, bien que ce soit le réveillon du Nouvel An. Nous préférons dormir quelque part au calme dans notre tente plutôt que d'être à l'auberge, où il faudra faire la fête. Pour ma part, je n'ai pas pédalé depuis deux semaines maintenant, et ça me manque. Je suis impatiente de voir comment ça va se passer de pédaler ensemble. Comme je suis arrivée par le même chemin la veille, je nous guide hors de la ville. Je suis ravie et fière d'être utile même sans GPS. La conduite des automobilistes envers les cyclistes est plutôt respectueuse. Seuls les ronds-points peuvent être un peu compliqués à passer.

La journée se poursuit bien. J'avais peur de ne pas suivre le rythme, mais je suis en forme, malgré mes deux semaines de pause. Deux semaines sans sport, à boire des bières, quelques verres de vin, manger du fromage et des pâtisseries... pas une alimentation très diététique ! Je suis rassurée de ne pas être à la traîne derrière. C'est très frustrant pour des cyclistes de ne pas pédaler à la même vitesse - et c'est aussi pénible pour celui qui est devant que pour celui qui est derrière. Je me souviens en Australie, j'ai pédalé deux semaines avec un autre cycliste, et j'étais toujours loin derrière lui. Ce n'était pas du tout agréable, pour lui comme pour moi. Il devait sans cesse m'attendre, je devais tout le temps me dépêcher. C'est donc déjà un meilleur départ en compagnie de Martin.

Quand c'est l'heure de trouver un endroit pour camper, nous nous engageons sur un petit chemin de terre qui mène à quelques maisons. Ce n'est pas facile de pousser nos vélos sur ce terrain boueux et glissant. Nous arrivons à une maison qui a l'air abandonnée. Dans un premier temps, nous nous asseyons, regardons autour, explorons la maison. Il n'y a rien à l'intérieur, pas de porte, pas de fenêtre, seulement des briques. Il y a un étage donc nous montons voir, en espérant que l'escalier ne s'écroule pas. La maison est une trouvaille parfaite ; nous serons cachés et au sec. Quelques enfants se sont approchés de nous pour voir ce qu'il se passe. Mais comme la maison est entourée de grillages, cela permet de créer une certaine distance pour un peu d'intimité.

Le soleil s'est couché et la nuit arrive, nous nous mettons alors à l'intérieur. Nous cuisinons, mangeons, puis allons nous coucher. Nous sommes tous les deux d'accord pour ne pas mettre de tente, seulement nos matelas. Je pense que c'est simplement une façon de ne pas avoir à décider tout de suite si nous utiliserons une tente ou deux. Pas de tente, pas de prise de décision. L'ambiguïté peut se poser quand une fille et un garçon voyagent ensemble. Il y a le risque que l'un tombe amoureux, ou qu'il soit attiré physiquement par l'autre. Si c'est réciproque, aucun problème. Mais dans tous les cas c'est plus compliqué que d'être simplement amis ou compagnons de voyage. C'est pour ça que j'étais très contente que cette première nuit ensemble se passe si simplement ; pas de câlin, pas de caresse. Nous avons juste passé la nuit l'un à côté de l'autre comme deux adultes responsables.

Le jour suivant, je pédale avec une banderole "Hello New Year" sur mon vélo et un sourire jusqu'aux lèvres. Aujourd'hui, nous arrivons à Chefchaouen. Je suis si heureuse de commencer cette nouvelle année sur mon vélo, en Afrique. Je souris en pensant à tout ce que j'ai vécu jusqu'à maintenant, je souris de cette belle journée, et je souris au voyage que je m'apprête à vivre avec Martin. À Chefchaouen, nous allons nous balader. C'est une belle ville, entourée de montagnes. La médina est bleue et a été peinte uniquement par des femmes. Ici, c'est exactement comme j'avais imaginé le Maroc ; des petites rues étroites, pleines de couleurs, d'odeurs, de boutiques de tapis, de savons, de thés, de bijoux. Tout le monde est dans la rue et se salue d'un *"labes ? Labes, Hamdoullah."*[7] J'adore l'atmosphère qui émane de cet endroit. Il y a toujours quelque chose à regarder.

Le soir, nous sommes hébergés par une membre du réseau Couchsurfing. Laila est une jeune femme, mère de deux enfants, qu'elle élève seule. Très différente de la marocaine typique, traditionnelle, elle ne tient pas compte de ce que la société pense d'elle. Très ouverte d'esprit, je suis en admiration devant son courage. Je pense que dans son pays, avec la politique stricte mise en place par le gouvernement en ce moment, c'est admirable d'aller à l'encontre de la société. En France, une vie classique se résume à faire des études, construire une carrière, acheter une maison, se marier et faire des enfants. Mais les choses commencent à changer. Ma génération voyage, étudie à l'étranger, signe des contrats de travail courts, change souvent d'emploi. Le déroulement d'une vie évolue, et faire des choix différents commence à être socialement accepté. Les choix de Laila sont bien courageux et c'est pour cela que j'ai autant de respect pour elle.

Je quitte les collines de Chefchaouen remplie d'énergie et inspirée. Je suis ravie d'avoir rencontré Laila. Cela me rappelle toujours pourquoi je voyage ; pour rencontrer des gens qui sont différents, que je n'aurais

---
[7] Ça va ? Ça va, Dieu merci.

pas rencontrés autrement, et qui m'amènent à me remettre en question.

Mais autre chose occupe mon esprit. Hier soir à Chefchaouen, Martin et moi avons partagé le même lit. Nous avons commencé à nous embrasser et à nous caresser, mais j'y ai mis fin avant que ça n'aille trop loin. La sensation était agréable mais en même temps gênante. Je veux prendre mon temps. Je veux que Martin m'apprécie pour la personne que je suis, et non pour mon corps. Je crois qu'il était un peu déçu, mais je ne sais pas comment lui faire comprendre autrement. Beaucoup de pensées m'envahissent à présent, c'est pourquoi je suis contente d'avoir du temps pour moi sur mon vélo pour pouvoir les gérer.

Je suis soudainement ramenée à la réalité lorsque Martin s'arrête. Son pneu est crevé pour la première fois depuis que nous voyageons ensemble. Nous sommes sur une petite route de montagne. Nous nous arrêtons devant une maison avec un grand mur sur le côté. Martin est un peu agacé par la situation. Moi, je suis impatiente de voir comment il va se débrouiller. Je suis amusée par la scène quand, vingt minutes plus tard, toutes ses affaires sont par terre. Il a dû tout enlever de ses sacoches pour trouver ses outils. Un vrai désordre ! Heureusement, c'est une belle journée ensoleillée et nous avons du temps devant nous. Un bon entraînement. Les quelques personnes qui passent par là jettent un œil. Elles sont intriguées, mais trop respectueuses pour s'arrêter nous regarder. Une voiture ralentit pour nous demander si nous avons besoin d'aide. On va s'en sortir, merci. Mais c'est bien de savoir que nous pouvons compter sur les locaux si nous avons un plus gros problème.

Après environ une heure, nous sommes enfin prêts à repartir. Toutes les affaires de Martin sont dans ses sacoches, le pneu a l'air réparé, et moi j'ai eu le temps de prendre des photos. La route monte et descend beaucoup tout le long de la journée. Mais ça vaut le coup, car le paysage est magnifique et la route très peu fréquentée. À la fin de la journée nous trouvons facilement un petit village éloigné de la route principale pour passer la nuit.

"Bonjour, excusez-moi, est-ce qu'on peut dormir ici pour la nuit ?", je pointe du doigt un terrain recouvert d'herbe, en m'exprimant avec mes mains pour être comprise. La femme à qui je m'adresse appelle quelqu'un d'autre, qui répond "non" à ma question. Je suis confuse. Je regarde Martin. Je ne comprends pas pourquoi elle refuse aussi sèchement. Pendant quelques minutes il y a un malentendu, puis la dame nous montre un endroit avec un toit. Elle n'a pas compris que nous avons une tente, et elle ne pouvait pas accepter que nous dormions sur l'herbe, sans rien pour nous protéger.

Dès que nous commençons à monter la tente, tout le monde autour nous regarde avec étonnement, et rigole. Cette petite chose verte est-elle une maison, allez-vous tous les deux dormir là-dedans, demandent leurs yeux, confus. Une dame éloigne l'âne, une autre balaie un peu le sol, une troisième nous amène du thé. Elles nous ont acceptés dans le village. Nous sommes à présent leurs invités pour la nuit. Tout le village vient petit à petit voir les deux étrangers avec leur tente et leurs vélos. À chaque fois, leur réaction est la même. Ils sont surpris de nous voir, mais aussi très fiers, très heureux de nous rencontrer. Nous sommes comme des stars, et nous nous sentons comme roi et reine lorsqu'on nous apporte même des chaises, du pain et de l'huile d'olive. Lorsque c'est l'heure du retour de l'école, nous avons au moins dix enfants excités autour de nous. Un garçon parle très bien le français. Il traduit donc pour tout le monde, rendant l'échange plus facile. Ils posent beaucoup de questions à propos de notre voyage, de notre pays, de notre famille, et sur nous deux. Êtes-vous frère et sœur ? Non. Êtes-vous mariés ? Non. Mais vous allez tous les deux dormir là-dedans ? Oui. Tous rient alors nerveusement, troublés. Ils ne comprennent pas qu'un homme et une femme non mariés puissent dormir ensemble. Nous changeons alors rapidement de sujet et leur montrons plutôt notre équipement.

Au bout d'un moment, Martin, qui préfère le calme et la tranquillité, se réfugie dans la tente. Je reste avec les enfants un petit moment. Mais seule, c'est trop fatigant. Tout le monde essaie d'attirer mon attention en même temps, les enfants s'agitent, veulent toucher à tout. Heureusement, les dames ordonnent aux enfants de rentrer chez eux. L'une d'entre elles nous amène un couscous merveilleux, alors que nous sommes déjà dans nos sacs de couchage. C'est un délice ! Surtout à côté de nos pâtes et nos conserves habituelles. Nous nous endormons ensuite, le ventre bien rempli, en nous tenant la main.

Le lendemain, nous pensons avec inquiétude que les gens du village vont nous demander de l'argent. Nous nous demandons pourquoi ils sont si gentils avec des gens qu'ils ne connaissent même pas et qu'ils ne reverront sûrement jamais. Il est difficile avec notre mentalité occidentale d'accepter que certaines personnes donnent sans rien attendre en retour. C'est le cas des habitants de ce village, qui nous souhaitent simplement bon voyage, sans rien réclamer.

Jeudi 4 janvier. Ce matin, la route est mouillée. Il n'a pas plu, mais c'était très brumeux et le soleil n'est pas encore très haut, donc l'humidité est restée. La route monte et descend. Je me sens bien et suis à l'aise, donc je vais un peu trop vite. À un moment, la route descend de façon très pentue pour remonter dans la foulée. Je prends de l'élan. Malheureusement, la route tourne sèchement à gauche donc je me penche dans le virage. Soudain, je sens ma roue avant qui n'adhère plus du tout au sol. Je dérape, je m'écrase. Je tombe sur le côté, tout le poids du vélo sur moi, en glissant sur quelques mètres à cause de la vitesse. Tout se passe très vite. Mes yeux se sont fermés pendant toute l'action.

    Je reste au sol quelques instants, et réalise petit à petit où je suis et ce qui vient de m'arriver. Je crie à l'aide. Je suis coincée par mon vélo et j'ai mal, donc je ne peux pas bouger. Heureusement, Martin est juste derrière moi. Il lâche immédiatement son vélo pour me venir en aide, avec quelques marocains qui ont dû voir la scène. Tous s'empressent de me porter secours. L'un d'eux pousse mon vélo sur le côté de la route, un autre ramasse mes affaires éparpillées au sol, et plusieurs me portent hors de la chaussée. En quelques minutes, la route est dégagée et je suis en sécurité. Je remonte mon pantalon pour regarder mes genoux et ce que je découvre n'est pas joli. Mes genoux sont couverts de sang. Martin regarde mon visage, inquiet. Il croit qu'il est aussi abîmé, mais c'est seulement le cambouis de la route qui le recouvre. Je frotte mes joues pour l'enlever. Mon pull, initialement beige, est entièrement noir de la route. J'arrive à me lever avec un peu d'aide, mais je peux à peine marcher. Alors je me rassois. Je suis sous le choc et je n'ai plus d'énergie. J'arrive quand même à trouver de la Bétadine et mets un bandage autour de la plaie pour éviter qu'elle ne s'infecte.

    Un marocain qui veut nous aider nous propose d'appeler une ambulance ou la police. Nous refusons car nous pouvons nous débrouiller seuls. Mais que faire maintenant ?

    - Pourquoi on irait pas chez Quentin et Zineb à Casablanca ? J'aurai sûrement besoin de quelques jours de repos. Une fois à Fès, qui n'est pas très loin en voiture, on peut prendre un bus. Il devrait y en avoir un, c'est une grande ville.

Martin connaît déjà plus ou moins Quentin, bien qu'il ne l'ait jamais rencontré. Quentin est le fils de très proches amis à mes parents. Nous sommes déjà partis tous ensemble en vacances et en week-ends. Il habite maintenant à Casablanca avec sa femme Zineb. Nous sommes en contact avec eux depuis que nous avons commencé à voyager au Maroc. Comme seul Martin a une carte SIM avec internet, il discute avec Quentin depuis une semaine, pour lui donner des nouvelles de notre voyage.

Nous sommes tous les deux d'accord pour aller à Casablanca. Nous arrêtons une voiture, sur le toit de laquelle nous mettons les vélos. Elle nous emmène à Fès, une jolie ville avec des remparts. Mais nous n'avons pas le temps de la visiter. Nous allons directement à la station de bus. Nous avons encore 300 km à parcourir et nous ne savons pas combien de temps ça va nous prendre. Martin accepte d'appeler lui-même Quentin, car je ne suis pas encore en état d'annoncer ce qu'il vient de se passer. Au moment où il lui parle de l'accident, je commence enfin à pleurer. Je réalise ce qu'il vient de se passer. C'est comme si jusque-là ma tête voulait prétendre que rien ne m'était arrivé. Mais les mots de Martin font désormais de cet événement une réalité. Toute la pression et l'inquiétude que j'ai au fond de moi ressortent à présent à travers mes larmes. Quentin est au courant, mes parents vont aussi l'apprendre. Je suis triste bien sûr, mais surtout très en colère. Quel accident stupide ! J'aurais dû faire plus attention. Peut-être que si j'avais été moins vite, tout ça aurait pu être évité. Je ne peux m'empêcher de me repasser la scène en boucle pour voir ce que j'aurais pu faire différemment. Non seulement j'ai mal, mais je suis aussi terriblement désolée pour Martin. Au bout du sixième jour de voyage ensemble, déjà un problème. Il serait mieux sans moi. Mais il est très réconfortant, ne se plaint pas, et me manifeste beaucoup d'attention. Je lui suis reconnaissante d'être là car un mauvais moment est toujours plus facile à surmonter accompagné de quelqu'un.

Dans le bus, ma main tient celle de Martin et c'est quelque chose d'important, que de le sentir à mes côtés. Je suis si heureuse de l'avoir avec moi. Nous ne parlons pas beaucoup, occupés par nos pensées, en regardant le paysage à travers la fenêtre. Je ne veux pas l'inquiéter, mais je crois que mon genou est en piteux état. La musique que j'écoute dans le bus est bien triste et je peine à retenir mes larmes.

La journée a été longue et fatigante mais nous arrivons enfin à Casablanca en début de soirée. Quentin a généreusement traversé la cohue de la ville pour venir nous récupérer à la station de bus. Je suis bien chanceuse de l'avoir lui aussi. Quand il apparaît avec son grand sourire et ses yeux bleus, je suis si contente qu'il soit là. Un visage familier au milieu de cette jungle. Être à vélo au Maroc est bien sympathique, mais pas dans les transports en commun. Ici, il y a du monde partout. Ça crie dans tous les sens, on te sollicite en permanence à droite et à gauche. Il faut sans cesse faire attention à tes affaires, ce qui est très stressant.

Chez Quentin et Zineb, nous recevons un des accueils les plus chaleureux. Nous n'aurions pas pu espérer mieux après une telle journée. Ils nous ont préparé un merveilleux repas avec un verre de vin - ils connaissent les traditions françaises ! Je cours à la douche avant de m'attabler, et découvre mon genou, bien amoché. Il a triplé de volume. Mais pour l'instant je ne m'en inquiète pas trop. Je suis entre de si bonnes mains. Tout ira bien à présent, peu importe ce que la suite me réserve. Je profite donc de ma soirée. Quentin et Zineb sont très enthousiasmés par notre voyage. Ils nous posent beaucoup de questions, et me donnent des conseils pour mon genou. Nous bavardons et mangeons dans une atmosphère joviale. Malgré tout nous ne tardons pas à aller nous coucher car il est tard. Certains travaillent demain, d'autres sont exténués par la journée qu'ils viennent de vivre.

L'appartement de Quentin et Zineb est très confortable, bien agencé et bien décoré. Ils ont une chambre d'amis que nous pouvons utiliser. Je suis soulagée d'avoir notre espace à nous, pour ne pas trop les déranger. Quelle longue journée, aussi inattendue que fatigante. Ce matin même nous étions en train de pédaler dans la campagne marocaine, sans savoir si nous allions aller un jour à Casablanca. Et ce soir nous dormons dans cette ville. Retournement de situation. Malgré cette dure journée, je me sens incroyablement bien dans ce lit doux et confortable, entourée par ces draps propres. J'ai quand même beaucoup de chance dans cette malheureuse histoire. Et ce soir, je n'arrive plus à résister à Martin. Je me sens tellement bien et suis si contente de pouvoir compter sur lui que j'ai besoin de partager plus. Un nouveau chapitre s'ouvre entre nous. Je ne sais pas où ça va nous mener mais je suis prête à le risquer.

Après une courte nuit, entre moments tendres avec Martin et douleur au genou, je dois aller chez le médecin. Par chance, l'oncle de Zineb, médecin, est spécialisé dans les traumatismes. C'est exactement ce qu'il me faut. J'ai rendez-vous le soir et je suis impatiente d'avoir son diagnostic. Pendant la journée, Martin et moi profitons de la maison pour nous détendre, nous reposer, cuisiner, se rétablir et déterminer les options qui s'offrent à nous pour la suite du voyage. Je sais qu'il ne me sera pas possible de pédaler dès demain, mais ça peut être dans une semaine, un mois, ou pas du tout cette année.

Dans la salle d'attente, je suis ravie d'être entourée de Martin et Quentin, qui ont tous les deux tenus à venir. Le médecin peut à peine toucher mon genou car la douleur est trop intense. Il ne peut donc pas sentir ce qu'il y a sous la peau pour déterminer les conséquences de l'accident, car le choc est trop récent. Il me suggère de porter une attelle pour immobiliser complètement le genou pendant quelques jours, avant de revenir le voir pour un autre diagnostic. Néanmoins la radiologie montre que rien n'est cassé, ce qui est déjà une bonne chose. Le genou peut nécessiter du temps pour se rétablir, mais a priori je pourrai repartir dans quelques semaines.

Nous rentrons tous les trois à la maison, avec une fille handicapée à la place d'une cycliste. Tout le monde prend bien soin de moi, pour que j'aie à bouger le moins possible. Je leur en suis reconnaissante, bien que je hais être assistée de la sorte. J'aime être indépendante, donc la situation est délicate. Même quand nous sommes à vélo avec Martin, c'est très difficile pour moi de demander de l'aide. Je me demande toujours comment je ferais si j'étais seule. J'essaie d'abord toujours par moi-même, me bats un peu, et en dernier recours me tourne vers quelqu'un. Souvent, quand Martin constate que je suis en difficulté il me propose de l'aide spontanément ; comme il dit, si j'étais seule les choses seraient différentes. Peut-être que je ne serais même pas dans cette situation. Néanmoins, j'ai toujours besoin de me projeter seule, peut-être par peur que les gens partent ou me déçoivent.

Pour l'instant je suis bien entourée et tout ce que j'ai à faire c'est de remettre mon genou en état. Je ne sais pas pour combien de temps je suis coincée à l'intérieur ni quand je pourrai refaire du vélo. Mais si ça prend trop de temps ou que mon genou est trop fragile, je ne pourrai pas continuer le voyage. Donc en fonction des délais, j'ai plusieurs options possibles. Soit attendre à Casablanca pendant que Martin pédale, soit rentrer en France, soit continuer l'aventure avec un âne. Oui, certains voyagent avec un âne, un cheval ou même un chameau dans les endroits désertiques. Ça peut paraître un peu ambitieux mais c'est bon de voir que je continue à rêver dans une telle situation !

Une semaine passe à Casablanca. Je suis retournée voir le médecin et je peux à présent enlever l'attelle. C'est le moment de rééduquer le genou maintenant. A priori, il devrait aller mieux d'ici deux à trois semaines. Mais comme j'ai besoin de temps, je pousse Martin à repartir - nous pourrons nous rejoindre plus au sud. Je me sentirais coupable de le faire attendre ici à cause de moi. Il profite du confort de Casablanca quelques jours puis finit par partir sur son vélo direction Marrakech, puis Agadir. Je l'envie beaucoup, mais en même temps je suis bien contente. Il faut qu'au moins un de nous deux profite. Je le regarde donc s'en aller, en me demandant si nous allons vraiment nous revoir un jour.

Le jour de son départ, je peux déjà marcher un peu mieux. Ce n'est pas encore très facile, mais c'est en bonne voie. J'ai accepté l'idée que ça va prendre du temps, mais qu'un jour ou l'autre ce sera rétabli. Mon corps est jeune et fort, donc il va faire le nécessaire. Néanmoins, je m'ennuie ici. La ville n'est pas très agréable pour les balades. Les routes sont très fréquentées et les trottoirs sont rares. Je reste donc le plus clair de mon temps à l'intérieur, à rêver d'être à nouveau sur mon vélo. Je fais des recherches sur le Sahara, car c'est la suite du voyage, Inch'allah[8]. Je garde contact avec Martin, nous communiquons tous les jours. Il me fait voyager avec ses photos et ses histoires de voyage pendant que je le tiens au courant des progrès de mon genou. Je suis sur le bon chemin, ce n'est plus qu'une question de temps. Espérons que Martin veuille toujours me rejoindre et qu'il ne change pas de programme.

---

[8] Mot courant en arabe, qui signifie si Dieu le veut

Vingt jours se sont écoulés depuis l'accident. Et aujourd'hui, c'est le moment de tester le vélo. Je m'essaye d'abord dans le grand garage de l'immeuble pour commencer dans un environnement calme et sûr. Le premier coup de pédale est très douloureux, à ma grande surprise. Mais je persévère. Hors de question que je rentre en France. Alors je continue à pédaler, encore et encore. Et plus je m'entraîne moins c'est douloureux, donc j'ai bon espoir. Nous avons décidé avec Martin de nous rejoindre le 21 janvier à Agadir, et ce n'est que dans quelques jours. Il faut que j'assure.

Et en ce lundi matin, je suis prête. Je pars de chez Zineb et Quentin pleine d'émotion, et pédale jusqu'à la station de bus, avec un peu d'inquiétude concernant mon genou qui est encore fragile. J'arrive à Agadir, où je rejoins mon cher cycliste allemand. En pédalant jusqu'à notre hôte de ce soir, c'est comme si je revivais. L'aventure peut enfin continuer et je suis pressée de retrouver Martin. C'est un bel après-midi ensoleillé et tout est beau dehors. Le trafic, les gens embêtants à la station de bus, mon changement de vitesse cassé, rien de tout ça n'a d'importance, je me sens si bien. Je peux faire du vélo et continuer à voyager !

La jeune allemande chez qui Martin m'attend habite à quelques kilomètres de la station de bus. Je les parcours avec un grand sourire puis frappe à la porte de son appartement, situé dans un immeuble modeste. Martin m'ouvre et nous tombons dans les bras l'un de l'autre. Je pense que nous sommes tous les deux agréablement surpris de nous retrouver et de voir que tout s'est déroulé comme prévu. Je ne m'attendais pas à ce que ça me fasse autant plaisir de le revoir. Pendant un moment, je n'étais pas sûre de vouloir faire ce voyage avec quelqu'un. Être seule en Europe fut une expérience si extraordinaire. J'ai adoré la liberté et l'indépendance que le vélo me procurait. Mais ce que je ressens en enlaçant Martin est quelque chose de nouveau. Être réunis me motive et j'écoute ses histoires de la semaine passée avec une seule chose en tête : en faire toujours partie désormais.

Nous passons du bon temps à Agadir, à manger des plats marocains, à boire des jus d'avocat et à planifier ensemble la suite de notre voyage. C'est comme si les trois semaines passées avaient seulement été une pause, tout est remis sur les rails comme avant. Même le soir, nous reprenons là où nous en sommes restés à Casablanca, avec la même complicité. Un moment formidable.

Après deux nuits à Agadir, nous partons. C'est l'heure de voir si mon genou peut faire avancer un vélo plein de bagages.

- Comment va ton genou ?, me demande Martin après quelques kilomètres sur le vélo.

- Ça va, pas trop mal, on verra bien. Ne le brusquons pas trop aujourd'hui mais ça devrait aller.

- Tu me dis si tu as besoin d'une pause ou si tu as mal.

Il est si attentionné. Mais il sait bien que je ne dirai rien, même si je souffre. C'est comme ça que je suis apparemment, très dure avec moi-même, et c'est de lui que je l'ai entendu pour la première fois. Mais à l'heure qu'il est je suis si motivée que peu importe l'état de mon genou. Il tient aujourd'hui étonnamment cent kilomètres. Quelle performance ! Et il continuera comme ça tout le voyage.

CHAPITRE 2

La traversée du Sahara

L'indulgent désert marocain

Nous y voilà. Guelmim, ou comme certains la surnomme, la porte du Sahara. À l'époque, ce fut une ville majeure sur le chemin vers Tombouctou, où nomades et sédentaires venaient échanger des biens et des chameaux. De nos jours, c'est encore un endroit important entre le désert et le reste du Maroc. Je suis très excitée. Une expérience extraordinaire nous attend.

Guelmim est une petite ville. Nous prenons un moment pour déjeuner dans un petit restaurant local, car la nourriture va être rare désormais. Pour quinze dirhams[9], nous mangeons une grosse assiette de couscous. La sauce, pleine d'épices, et ses légumes tendres, qui ont dû cuire des heures, est exquise. Le repas parfait pour nous donner l'énergie, le bonheur et la motivation nécessaires pour traverser le plus grand désert de sable au monde. Nous faisons des courses et remplissons nos sacs avec le plus de nourriture possible ; amlou[10], pain, dattes, en-cas,

---
[9] Environ un euro cinquante en 2018
[10] Nom local donné au beurre de cacahuètes, qui peut aussi être fait d'amandes

pâtes, conserves et quelques fruits et légumes frais. J'ai aussi dans mes sacoches des repas déshydratés d'Europe. C'est un bon plan de secours si nous ne trouvons pas assez de nourriture sur la route. J'ai la chance de pouvoir utiliser le Jetboil de Martin, un petit réchaud qui permet de faire bouillir l'eau très rapidement. En Europe, j'ai voyagé sept mois sans aucun moyen de faire bouillir de l'eau. C'est un grand luxe que d'avoir accès à un réchaud maintenant. Après les courses et le repas, nous nous dirigeons vers le sud, prêts à affronter les défis du Sahara. Martin et moi nous arrêtons à la grande porte à la sortie de la ville pour prendre une photo de ce moment symbolique. L'aventure commence. Nous sommes entourés de grands espaces à perte de vue, avec rien de plus que du sable, ce qui est très impressionnant. Enfin, ce n'est pas totalement sableux, comme on pourrait imaginer un désert, mais plutôt rocailleux.

La route est bitumée et en bonne condition, avec encore suffisamment de voitures pour ne pas se sentir trop isolés. À la vue de notre premier troupeau de chameaux, là-bas, au loin, sur une dune magnifique, nous nous arrêtons immédiatement. C'est un groupe d'une vingtaine d'animaux, marchant lentement, de façon majestueuse. Nous les admirons depuis la route jusqu'à ce qu'ils aient tous dépassé la dune et que nous ne puissions plus les voir. Je suis en admiration face à cette scène et la beauté naturelle qu'elle dégage. Je suis excitée par les chameaux depuis que je sais que je vais pédaler dans le Sahara. Je regarde Martin pour être sûre que je ne suis pas en train de rêver.

À la fin de la journée, nous arrivons à notre premier point de contrôle de gendarmerie, mis en place pour la sécurité des touristes. Les gendarmes prennent les informations de notre passeport et nous posent quelques questions ; où avez-vous commencé à pédaler ce matin, où allez-vous, où allez-vous passer la nuit, etc. Nous avons été informés de cette procédure grâce aux blogs et forums de cyclistes. Ici, le gouvernement prend grand soin de la sécurité des cyclistes, et des voyageurs en général. Quelques tensions résident encore dans le Sahara et bien que la route soit sûre de nos jours, ils veulent protéger les voyageurs du mieux qu'ils peuvent. Il est donc interdit de camper seul au milieu de nulle part. Il faut impérativement passer la nuit à côté d'un poste de police, à côté d'une station-service ou dans un village. Nous nous arrêtons quelques mètres plus loin, près d'un grand restaurant vide. Nous ne pouvons continuer de pédaler car nous risquons de ne pas trouver d'endroit convenable pour passer la nuit. Ici, nous sommes un peu protégés du vent grâce à un mur.

Le jour suivant, la route est extrêmement plate ce qui nous permet d'observer le désert à perte de vue. Cela me rappelle mon premier voyage en Australie-Occidentale, où j'ai dû traverser de longues distances dans le bush, sans aucun signe de vie. J'ai adoré, et le Sahara me ramène aux souvenirs de cette époque. Le désert est un endroit qui m'inspire beaucoup, car j'ai du temps pour penser, et rien pour me perturber. C'est donc ainsi que je pédale ; mon corps sur mon vélo, mon esprit dans le ciel, les kilomètres défilant sous mes pieds.

Dans l'après-midi, nous arrivons à Tan-Tan, une ville à plus de mille kilomètres de Tanger. Deux statues de chameau nous accueillent à l'entrée de la ville. C'est impressionnant de voir tant de gens, de maisons, et de voitures après l'immensité vide que nous venons de traverser. Ce soir, nous dormons chez Yacine, un contact de Quentin. Nous l'attendons à l'entrée de la ville. Une voiture noire aux vitres teintées avec quatre jeunes hommes à l'intérieur s'arrête devant nous. L'un d'eux sort, ne se présente pas, nous sert la main, et nous dit de le suivre. Nous nous exécutons sans nous poser trop de questions. Combien il aurait été stressant d'être seule à ce moment-là. Cet homme pourrait être n'importe qui, et nous amener n'importe où. Nous suivons la voiture au milieu de l'agitation de la ville. Il nous faut maintenir la vitesse du véhicule, mais aussi faire attention aux gens qui marchent sur la route, aux voitures arrêtées en plein milieu, aux scooters qui slaloment à toute vitesse et aux divers trous et bosses. Nous arrivons sains et saufs chez Yacine, qui se présente enfin.

Yacine a notre âge et habite avec sa mère dans une grande maison traditionnelle, avec de nombreux tapis colorés. La pièce principale n'a pas beaucoup de meubles mais de nombreux coussins qui créent une atmosphère chaleureuse. Nous saluons sa mère puis sommes invités à boire le thé, une véritable institution au Maroc. Les marocains jouent avec les petits verres à thé, pour aérer la boisson et créer de la mousse. La boisson, très sucrée, est ensuite évaluée par la qualité de sa mousse. Cela peut prendre jusqu'à une heure pour faire un thé de deux gorgées. Mais c'est un moment plaisant et convivial. Au début, nous avons dû mal à tenir une conversation avec Yacine. Nous sommes sûrement tous un peu nerveux de nous rencontrer. Chacun représente plus ou moins son pays, sa culture, auquel nous voulons faire honneur, donc nous devons donner le meilleur de nous-même. De plus, la langue n'aide pas à la communication. Bien que notre hôte parle un peu français, ce n'est pas le cas de sa mère, ni de Martin. Néanmoins, quel accueil ! Nous sommes un peu embarrassés par tant de générosité, car ce n'est toujours pas dans nos habitudes.

Après le thé, nous prenons une douche puis allons nous reposer. Il faut économiser notre énergie pour les prochains jours. Yacine vient nous voir avec une question inattendue. "Est-ce que vous avez donné mon numéro à la police ?" Mince ! En effet, lorsque nous avons dû nous arrêter au point de contrôle avant la ville, la police nous a demandé le nom, le numéro, et l'adresse de la personne qui nous héberge. Nous avons donc donné les coordonnées de Yacine, en oubliant de le prévenir. Je pensais que c'était une pure formalité. C'est ce que nous expliquons à notre hôte.

- Ils m'ont juste appelé pour savoir si vous étiez bien arrivés. Je leur ai dit que vous êtes bien avec moi et que vous allez passer la nuit ici, déclare-t-il très calme.

- Nous sommes terriblement désolés, on aurait dû t'en avertir. Je ne pensais pas qu'ils appelleraient, je réponds, en me disant qu'ils devraient se soucier de choses plus importantes.

Mais Yacine ne nous en veut pas. Il nous dit que c'est habituel ici, que la sécurité des étrangers est très importante, surtout pour les voyageurs à vélo. Plus la soirée passe et plus nous passons du bon temps. Nous faisons un tour en voiture avec un Yacine dont la timidité a laissé place à un grand sourire. Il nous met du rap en fond sonore et nous raconte des histoires pendant la balade. Nous prenons part à un mariage pendant un moment, où les gens se sont réunis, chantent et dansent. Un chameau fait partie de l'événement. Je m'avance vers lui, bien contente de pouvoir approcher un tel animal. Je me demande ce qu'il fait ici, au beau milieu de la ville. Yacine m'ôte tout enthousiasme quand il me dit qu'il a été acheté pour le mariage. Il va être tué d'un coup de couteau dans le cou, pour nourrir tout le monde. Yacine avait l'habitude de regarder la scène quand il était petit, c'est la tradition. J'ai de la peine pour le chameau, mais aussi pour les enfants qui s'apprêtent à assister à la mise à mort.

Nous quittons le mariage pour fumer une chicha avec les amis de Yacine. "Ne dîtes rien à ma mère", nous dit-il, ce qui nous fait beaucoup rire. J'ai l'impression d'être à nouveau une adolescente. Nous restons des heures dans une petite pièce sans fenêtres avec Yacine et ses amis, leur endroit privé pour fumer la chicha. Leur générosité est bien au dessus de nos standards. Lorsque nous allons dîner et partageons un délicieux tajine au poisson, ils divisent le prix du plat entre eux pour que nous n'ayons pas à débourser quoique ce soit. Nous sommes un peu gênés. Mais c'est comme ça qu'ils prennent soin des visiteurs ici, et nous ne dérogeons pas à la règle. Vous pourrez nous inviter quand nous viendrons dans votre pays, nous disent-ils. En effet, j'adorerais leur faire découvrir ma ville, ma culture et donner un peu en retour de toute l'hospitalité que j'ai reçue.

Le matin suivant, nous prenons une photo souvenir avec notre hôte puis repartons sur la route, malgré les tentatives de Yacine pour nous convaincre de rester plus. Malheureusement, nous sommes trop impatients de retourner dans le désert.

En pédalant, je suis encore émerveillée par le paysage. Il varie peu mais reste tout de même excitant. C'est difficile de réaliser où nous sommes dans ce décor lunaire. Nous nous arrêtons pour une photo lorsque nous voyons un panneau de signalisation *attention aux chameaux*. C'est tellement irréel ! J'adore. C'est presque aussi palpitant que les chameaux eux-mêmes. Nous faisons ensuite une halte peu de temps après devant un grand panneau. Il nous informe sur le nombre de kilomètres à parcourir jusqu'aux prochaines villes. Laâyoune 303 km, Dakhla 833 km, Nouakchott 1248 km, Dakar 1656 km. C'est encore le début du voyage, donc ce ne sont pas des nombres à quatre chiffres qui vont nous faire peur.

Le désert est vraiment magnifique. En un beau jour comme celui-ci, les couleurs sont sublimes. Un sol rocailleux rougeâtre, un sable jaune, une mer bleue, quelques arbustes verts et des flamands roses. Ici, le désert rencontre l'océan. La terre à perte de vue, la mer à perte de vue. Il n'y a pas grand chose d'autre sur la route que cette beauté naturelle. De temps à autre un nouveau panneau de signalisation nous impressionne. *Attention ! déplacement du sable.* Et en effet, nous traversons notre première section de route recouverte de sable. J'aime voir la nature reprendre ses droits sur les constructions humaines.

Lorsque nous passons le premier point de contrôle du jour, les gendarmes nous demandent de nous arrêter un peu plus loin, dans le village d'Akhfenir. C'est encore à vingt kilomètres donc nous n'aurions de toute façon pas le temps d'atteindre un autre endroit pour la nuit. Les gendarmes vont prévenir leurs collègues de notre arrivée, qui nous conduiront vers un endroit sûr pour dormir. C'est très agréable de pouvoir pédaler ces vingt kilomètres sereinement sans avoir à se soucier d'où nous allons passer la nuit. Lorsque nous arrivons dans le village, un policier s'empresse de venir nous voir.

- Bonjour, comment allez-vous ? Nous vous attendions. Nos collègues nous ont parlé de vous. Bienvenue ! Pour commencer, faites-moi voir votre pièce d'identité s'il vous plaît. Où voulez-vous dormir ce soir, en intérieur ou en extérieur ? Nous pouvons vous trouver un petit hôtel ou un endroit pour votre tente, à votre convenance.

L'officier est un homme plutôt jeune, très enthousiaste et joyeux. Nous sommes ravis d'être attendus ainsi. Très poli et clair concernant les options possibles, nous avons l'impression de parler à un agent de voyage plutôt qu'à un policier. Bien sûr, nous choisissons l'option extérieure, où deux caravanes de français sont déjà installées. C'est un endroit ouvert avec un terrain en dur, à quelques mètres du poste de police, près de l'océan, et juste à côté d'une mosquée. Les policiers ont l'habitude d'avoir des voyageurs ici. Ils font des rondes la nuit. Impressionnés que nous voyagions à vélo, les trois français nous posent beaucoup de questions et nous regardent monter notre tente. Nous sommes l'attraction. Ils sont là depuis quelques nuits, et apprécient toujours d'avoir de la compagnie. Nous sommes immédiatement invités pour l'apéro. Fromage, saucisson et bière. Quel régal ! C'est d'autant plus plaisant que nous sommes dans le désert.

Nous commençons à boire une bière, quand un cycliste espagnol que nous avions rencontré plus tôt dans la journée arrive à son tour. Nous sommes ravis de nous revoir. C'était incroyable de se croiser sur la route ce matin. Je n'aurais jamais pensé rencontrer un autre cycliste ici dans le désert ! Nous n'avons pas pédalé ensemble car son rythme est plus soutenu que le nôtre, mais il a dû s'arrêter quelque part car nous sommes arrivés avant lui. Et voilà qu'il est là lui aussi ! Il rejoint le groupe, ce qui nous permet d'en apprendre plus sur lui. Nous pouvons partager nos premières impressions, les expériences que nous avons faites, et échanger des conseils.

Son nom est José. Avec ses longs cheveux noirs jusqu'aux épaules, sa barbe noire avec une touche de blanc, il doit avoir la quarantaine. Très expressif et un peu excentrique, il nous salue avec un gros câlin, un grand sourire, et quelques phrases chaleureuses en espagnol. Il ne parle pas beaucoup anglais, et ne fait pas beaucoup d'efforts non plus. Un type marrant, plein d'énergie. J'apprécie sa personnalité un peu atypique. On a l'impression qu'il n'a peur de rien. D'une certaine façon, on dirait qu'il ne perçoit pas les problèmes ou les situations stressantes comme la plupart d'entre nous. Il a l'air si insouciant, un peu comme un enfant. Même si c'est rassurant de savoir que quelqu'un d'autre traverse le Sahara en même temps que nous, il est seul et je suis un peu inquiète pour lui. Mais je n'ai rien à dire, moi qui ait pédalé en Australie-Occidentale et sept mois en Europe toute seule. J'apprends donc à accepter l'idée lorsque nous nous quittons le lendemain. Peut-être que la solitude est justement ce qu'il recherche. De toute façon, nous nous reverrons sûrement quelque part sur la route.

Aujourd'hui, après quelques heures de vélo, il se met à pleuvoir. De la pluie dans le désert ! Quelle surprise. Bien que ce soit rare, force est de constater que ça peut arriver. Nous pensons que c'est seulement une petite averse, donc nous ne sortons pas nos vêtements de pluie. Mais il a finalement plu le restant de la journée, et de plus en plus fort. À un moment donné, nous avons même froid. C'est l'hiver après tout. Habituellement, les journées ne sont pas extrêmement chaudes - autour de vingt degrés. Mais être mouillé nous rafraîchit encore plus. Arrivés à Tarfaya, nous prenons place dans un petit restaurant local où nous mangeons pour deux euros. Nous sommes fatigués, de mauvaise humeur et nous avons froid. Ce repas chaud est donc essentiel.

Nous nous dirigeons ensuite vers le poste de police, pour passer la nuit. Mais l'endroit mis à notre disposition est trempé. Hors de question de dormir ici. Nous demandons à l'un des hommes s'ils n'ont pas mieux à nous proposer, au moins un peu sec. C'est là que nous voyons un petit parking couvert. Je demande à ce que nous puissions dormir là, avec mon plus grand sourire. "Je suis désolé, Mademoiselle. Cela fait partie de notre service. Les visiteurs sont interdits." Déçue, j'insiste. Il peut bien faire une exception, non ? Il sourit, et va chercher un de ses supérieurs. Il n'est pas possible de dormir ici, mais ils peuvent peut-être nous trouver un hôtel. Nous réfléchissons une minute, car ce n'est pas dans nos habitudes. Puis nous cédons, même s'il nous faudra débourser quelques dirhams. Nous les avertissons que notre budget est serré.

- Pas de problème, ce n'est pas cher, cent dirhams[11] pour vous deux.

- Vous savez pour deux jeunes voyageurs comme nous qui n'ont pas de travail, c'est un peu trop. D'habitude, nous ne payons jamais pour dormir, nous leur expliquons. Négocier le prix d'un hôtel avec des policiers, je n'avais jamais fait ! Nous attendons qu'ils donnent quelques coups de téléphone.

- J'ai réussi à négocier quelques chose pour vous pour vingt dirhams[12] chacun. C'est un hôtel local, ce sera très basique, le policier nous dit, fier de lui.

L'hôtel est comme il nous l'avait décrit : local et basique. La plupart des clients dorment sur le sol dans une pièce commune. Dans notre chambre, il n'y a qu'un grand lit, sans aucune place autour. Difficile d'éparpiller nos affaires mouillées, qui ont besoin de sécher. Il n'y a pas de douche, seulement des toilettes communes très modestes. Heureusement, la propriétaire, une vieille femme adorable, nous amène un seau avec de l'eau chaude. Ce n'est pas bien pratique de se "doucher" avec un seau dans les toilettes, mais je suis contente de pouvoir me laver. Je vais me coucher propre et réchauffée. Deux euros pour éviter une nuit horrible avec la tente dans la boue, c'est "raisonnable" ! De plus, la dame est adorable et me fait la conversation. Elle me parle du 19ème arrondissement de Paris, où elle a vécu. C'est de là d'où je viens également. Que le monde est petit ! Je trouve ça incroyable de pouvoir échanger sur notre quartier, ici, au beau milieu du Sahara, dans cet hôtel où nous n'avions pas prévu de dormir. C'est ça la beauté du voyage, les rencontres, le partage.

---

[11] Environ dix euros
[12] Environ deux euros

Le Sahara Occidental

La nuit suivante, nous arrivons à Laâyoune. La ville est plutôt grande et de nombreuses voitures des Nations Unies, de la police, et de la gendarmerie patrouillent. Nous prenons alors conscience que nous sommes maintenant dans le Sahara Occidental, une zone de conflit. L'endroit est occupé par le Maroc, mais un groupe civil, El Polisario, a fondé la République Arabe Sahraouie Démocratique en 1976 et réclame l'indépendance du territoire. Un conflit armé a eu lieu ici il y a une trentaine d'années. En conséquence, le Maroc a construit un mur de 2700 km, le plus long du monde, depuis la frontière avec l'Algérie, jusqu'à la frontière mauritanienne, pour garder les activistes à l'écart. À Laâyoune, capitale du Sahara Occidental, la présence militaire prouve que le conflit n'est pas terminé, bien qu'a priori moins violent. Néanmoins nous nous sentons en sécurité, et avons l'impression que les habitants sont très heureux d'avoir des visiteurs.

"Ça va ?" C'est au moins la dixième fois que Mohamed, notre hôte, nous demande comment nous allons. Il est très attentionné et n'arrête pas de se soucier de nous. Il habite dans une grande maison, avec une pièce principale et une chambre dans laquelle il y a un grand matelas. Il laisse cette pièce pour nous, afin que nous soyons le plus à l'aise possible. Nous avons insisté pour qu'il garde la chambre mais il préfère dormir devant la télé. Je pense qu'il n'utilise pas beaucoup sa chambre. Nous sommes bien contents d'avoir un peu d'intimité. Martin et moi allons rapidement nous coucher après le dîner. Nous restons une deuxième nuit, donc nous aurons l'occasion de faire plus ample connaissance avec Mohamed et son colocataire demain. Pour le moment, nous avons surtout besoin de nous retrouver. Sur la route, nous sommes très durs l'un envers l'autre. Alors les moments agréables, comme ce soir, nous permettent de partager nos pensées calmement et de renforcer nos liens. Le moment devient encore plus romantique quand je pose ma tête sur son épaule. Nous avons pris une douche, nous sentons bon, sa peau est douce. Nous nous câlinons avant de commencer une bonne nuit de sommeil, main dans la main.

Le jour d'après, nous mangeons pour la première fois du chameau. Habituellement j'évite de manger de la viande, mais c'est parfois difficile lorsque je ne suis pas chez moi. J'aime aussi expérimenter de nouvelles choses quand je voyage, et le repas ne pourrait être plus typique. Plus tôt dans la journée, Mohamed nous a emmenés à la boucherie rien que pour nous. Il tient à ce que nous mangions du chameau. Son colocataire Saïd a passé beaucoup de temps en cuisine pour nous préparer le repas. Comment pourrais-je refuser de manger sans les vexer ? Assis par terre autour d'une table basse, nous avons tous les quatre nos mains dans le plat. Nous utilisons du pain en guise de cuillère. Une façon très simple et conviviale de manger. Je passe un bon moment.

Mohamed est un homme facile à vivre, qui a toujours l'air heureux. Je l'observe pendant que je goûte à ce fameux plat. La quarantaine, il nous raconte qu'il ne peut pas vivre avec sa partenaire car ils ne sont pas mariés. Une bonne occasion d'en savoir plus sur les coutumes entre hommes et femmes dans ce pays. Malheureusement, nous avons rarement le point de vue d'une femme car nous n'en rencontrons que très peu. Mohamed n'a pas l'air gêné de vivre sans elle. Au contraire, il profite de sa liberté et apprécie la colocation avec Saïd.

Saïd est un peu plus jeune que Mohamed. Il ne parle pas beaucoup français, et pas anglais, mais il fait tout ce qu'il peut pour communiquer avec nous. C'est un garçon très joyeux, très expressif, toujours en train de faire des blagues ou de nous taquiner. Il est néanmoins très sérieux lorsque c'est l'heure de la prière, cinq fois par jour. C'est un peu gênant pour nous car il prie dans le salon et nous ne savons pas comment nous comporter pendant ce moment rituel.

Pendant deux jours, nous apprécions la compagnie de Mohamed et Saïd. Il est important de se reposer parfois. Nous avons fait plus de cent kilomètres par jour les jours précédents, et notre corps n'est pas encore habitué. Cela peut prendre du temps, surtout quand nous n'avons pas tous les apports nutritionnels dont nous avons besoin. Aujourd'hui, nous retournons faire un tour avec Mohamed pour prendre l'air. Il s'arrête partout pour parler avec les gens qu'il connaît. La conversation n'est pas plus recherchée que comment ça va, comment va ta famille, comment va ta vie, etc. Je ne comprends pas bien l'intérêt de ces conversations, mais elles me font sourire. Je trouve super que chacun prenne du temps pour l'autre. À Paris, nous ne prenons pas beaucoup le temps pour ça.

Ici en Afrique, la conception du temps est bien différente de celles des sociétés occidentales, où nous pensons que le temps c'est de l'argent. Il nous faut toujours être plus efficaces. Nous sommes constamment pressés. Nous avons inventé plein de machines pour nous faire gagner du temps : des Smartphones avec d'innombrables applications, des lave-vaisselles, des aspirateurs, des voitures, et toutes sortes de machines. Mais où est passé le temps économisé ? Nous perdons notre temps à essayer d'en gagner. En Afrique, j'ai l'impression que tout est bien plus détendu. Le temps qui passe n'est pas source de stress.

Pour comprendre cette différence cultuelle, un passage du livre *Ébène – Aventures africaines* écrit par Kapuściński est très pertinent. Un touriste prend place dans un bus en Afrique et demande quand le bus part. "Comment ça quand ? répond le conducteur, surpris. Quand il sera plein !"

C'est une des choses que j'adore dans le voyage ; observer les différences culturelles et repenser notre façon de vivre. Ça donne une nouvelle vision du monde et des comportements humains. J'ai l'impression d'avoir beaucoup appris chez Mohamed et Saïd. J'ai de nouveaux sujets auxquels penser sur mon vélo. Après deux jours chez eux, nous avons repris la route ce matin.

Lorsque je ne suis pas inspirée et que j'ai déjà passé beaucoup de temps dans mes pensées, j'écoute de la musique ou des podcasts pour varier les plaisirs. J'ai une petite enceinte dans mon panier avant. Mieux que des écouteurs, elle me permet d'entendre l'environnement qui m'entoure, surtout les voitures qui arrivent, et ne pas me sentir trop enfermée. Sur une route comme celle-ci, les journées peuvent être longues. Parfois, nous croisons une machine qui dégage le sable couvrant à certains endroits une bonne moitié de la route. Le paysage est magnifique avec ces dunes qui longent la route. Aujourd'hui, 1er février, le panneau nous indique que nous sommes à 509 km de Dakhla, une des villes principales du Sahara. C'est environ cinq jours de vélo, si le vent reste avec nous. Parce que le vent ici fait toute la différence ! Quand il pousse par derrière, il est facile de faire du 20 km/h sans grand effort. Mais quand il est de face, c'est une autre histoire, et faire dix kilomètres en une heure peut devenir un vrai combat.

Au milieu de l'après-midi, une tempête arrive. Le ciel devient tout noir, le vent s'accroît et une forte odeur d'humidité remplit l'air.

Nous avons la chance d'être à une station-service à ce moment-là, nous pouvons donc attendre que ça passe. La tempête ne dure pas longtemps, donc Martin suggère de continuer, et dormir dans le désert, mais je pense qu'il est trop tard. Je regarde le ciel, encore menaçant. Et le sol, trempé. Mauvaise idée. Pas ce soir. D'habitude nous sommes tous les deux trop têtus pour laisser tomber notre point de vue, mais cette fois Martin entend mes arguments. Je vais donc demander à un homme qui travaille là si nous pouvons dormir ici. Il dit qu'il n'y a pas de problème, mais que ça va être bruyant car la station-essence est ouverte toute la nuit. Si ce n'est pas calme, ce n'est pas un bon endroit pour camper, donc nous cherchons un autre emplacement. Par chance, un autre homme a entendu notre conversation et pointe de l'autre côté de la rue ; "vous pouvez dormir là-bas. Il y a des maisons mais personne n'y habite. C'est l'aire de repos des conducteurs de camion. Vous pouvez y mettre votre tente sans problème. Venez, je vais vous montrer."

Nous finissons alors au parfait endroit, devant un bâtiment, sur un sol en béton, sec, et avec un toit. Nous montons notre tente sous le regard intrigué de l'homme qui nous a accompagnés. Il est très intéressé par tout notre équipement. Lorsqu'il s'en va, nous profitons de notre tranquillité et commençons notre dîner. Peu de temps après, l'homme revient. Mais il n'est pas seul. Il est avec le cycliste espagnol ! Alors même que nous étions en train de parler de lui avec Martin, quatre jours après notre soirée tous ensemble à Akhfenir. Depuis le temps, je pensais que nous avions perdu sa trace, je suis donc soulagée de voir qu'il va bien. José me fait sourire et à chaque fois nous nous disons au revoir comme si c'était la dernière fois. La surprise est donc d'autant plus intense.

Je m'allonge sur mon petit matelas gonflable, me glisse dans mon sac de couchage bien chaud et pose ma tête sur mon pull - mon oreiller.

Je m'apprête à dormir lorsque j'entends la voix de l'homme qui nous a accompagnés ici un peu plus tôt qui m'appelle. Je sors de la tente, curieuse. Que peut-il bien me vouloir ? "Je vous ai entendu tousser tout à l'heure." En effet, je tousse beaucoup. Sûrement à cause de cette journée pluvieuse où j'ai attrapé froid, ou alors à cause de la poussière que nous respirons en permanence. "Je vous ai acheté des bonbons pour la gorge. Tenez." Comme c'est gentil ! Il ouvre un bonbon et le met dans sa bouche, comme pour me prouver qu'ils sont comestibles, ce sur quoi je n'avais aucun doute. J'en prends un immédiatement pour lui montrer que j'en ferai bon usage. Je le remercie avec mon plus grand sourire et retourne me coucher, impressionnée, encore une fois, par la générosité de parfaits inconnus.

Je suis réveillée au beau milieu de la nuit par un orage, fort et puissant, juste au dessus de nous. Avec la petite tente dans laquelle nous sommes - un modèle basique à vingt euros de chez Decathlon - c'est encore plus impressionnant. De toute façon, je n'ai jamais aimé les orages. La nature est plus forte que nous et elle peut être capricieuse, donc il faut faire attention. Heureusement, nous sommes sous un toit, donc a priori en sécurité. Je me réfugie quand même dans les bras de Martin, où je me sens bien. Je ne suis pas très à l'aise lorsqu'il s'agit de montrer des émotions ou de l'affection, donc je vais rarement vers lui. Cette nuit, l'orage est un bon prétexte pour me rapprocher de mon bel allemand. Nous restons tous les deux ainsi, accrochés l'un à l'autre, ne formant qu'un, le restant de la nuit.

Le matin, je me rends compte de la chance que nous avons eue en trouvant cet emplacement pour la tente. José n'est pas aussi chanceux. Sa tente est dans une grosse flaque d'eau. Réveillée avant tout le monde, je me promène autour des habitations, pour trouver des toilettes. Il ne faut pas longtemps avant que je sois invitée par des ouvriers qui ont dormi dans une maison à quelques mètres de notre tente. Ils m'offrent du thé, du pain et de l'huile d'olive, le petit déjeuner traditionnel. Je me sens à l'aise et en sécurité, bien qu'il n'y ait aucune femme dans les parages, car ils sont très respectueux. Ils travaillent et dorment ici au milieu du désert, ils n'ont donc pas l'habitude d'avoir des visiteurs. Au bout d'un moment, il est temps pour moi de les quitter. Je les salue poliment et repars avec une boîte de sardines, qu'ils voulaient désespérément me donner. Puis je vais ranger mes affaires, pour affronter notre septième jour dans le Sahara.

Cette fois, nous pédalons avec José. Je suis ravie que nous puissions voyager avec lui, et d'être à trois. Un troisième point de vue permet de voir les choses différemment et de prendre du recul sur notre propre expérience. Ce n'est pas toujours facile de passer jours et nuits avec la même et unique personne. J'aime beaucoup Martin, mais il est vrai que nous nous disputons souvent. Difficile de prendre sur soi une fois fatigués, affamés, et sales. C'est plus facile de s'en prendre aux autres plutôt qu'à soi-même. José nous apporte donc un peu de légèreté. Il est ce tiers qui calme les choses. La seule difficulté avec lui est la langue. Il ne parle qu'en espagnol ! C'est dur d'avoir une conversation avec mes connaissances scolaires, qui ne sont pas suffisantes pour parler avec un natif. Nous déjeunons tout de même ensemble dans la ville de Boujdour où nous venons d'arriver. Puis Martin et moi continuons sans lui car il désire rester un peu plus longtemps ici.

Ce soir, nous trouvons un emplacement pour la tente éloigné de la route principale, sur un terrain surplombant un village de pêcheurs. L'endroit idéal : isolé, mais en même temps proche du village en cas de problème. Soudain, un homme apparaît. Il se dit militaire et ne veut pas que nous dormions ici. Nous ne sommes soi-disant pas en sécurité. Il nous faut le suivre jusqu'à une petite maison où des garde-côtes travaillent et dorment, pour passer la nuit. Nous discutons entre nous et acceptons de le suivre à travers le désert, malgré quelques réticences. Nous poussons nos vélos le long des falaises, au milieu de nulle part. Nous ne sommes sur aucune route, et ne suivons aucune trace. En marchant derrière lui, nous prenons conscience que l'homme n'a pas d'uniforme ou quoique ce soit qui prouverait son appartenance à l'armée. Peut-être sommes-nous un peu trop confiants.

Après environ un kilomètre, nous arrivons à une petite cabane faite de pierres superposées. Notre "guide" parle en arabe avec les deux autres hommes qui sont là. Ils nous serrent la main. Pas de problème, nous sommes les bienvenus pour dormir ici. Ils nous demandent nos passeports - la procédure habituelle. Nous les cherchions avant même qu'ils nous les demandent. L'homme qui nous a amenés ici s'en va. Nous le regardons partir, dans la direction opposée, seul, au milieu de nulle part. Où va-t-il maintenant ? Martin et moi montons la tente, et restons un petit moment dehors pour profiter du magnifique coucher de soleil sur la mer, avec une tasse de thé offerte par les militaires. La température commence à redescendre à cette heure-ci, nous nous couvrons d'un pull.

Plus tard, un troisième homme arrive et se présente comme le responsable. Ils sont tous les trois en uniforme militaire, mais nous trouvons tout de même bizarre qu'ils nous demandent les coordonnées GPS du lieu où nous sommes actuellement. Les coordonnées GPS ? Mais c'est eux qui vivent ici. Nous, on débarque. On ne savait même pas qu'on allait dormir ici ce soir ! Mais ils insistent. Nous avons bien un téléphone avec la géolocalisation non ? En effet, Martin en possède un. Nous leur donnons donc ces fameuses coordonnées, puisque c'est si important pour eux. Peut-être doivent-ils les communiquer à leur supérieur avec la photo de nos passeports. Nous allons ensuite nous coucher, avec un mauvais pressentiment.

Au milieu de la nuit, nous sommes réveillés par les phares d'un camion, qui passe à quelques centimètres de notre tente. Il s'arrête. Plusieurs hommes en sortent. Par chance, nous sommes dans la tente de Martin cette fois. Un petit espace transparent à la bordure du sol nous permet de voir un peu ce qui se passe. Malheureusement, nous ne voyons que des pieds qui s'agitent, et des voix qui parlent en arabe, langue que nous ne comprenons pas. Nous restons silencieux quelques minutes, puis commençons à chuchoter à l'autre les pensées qui nous traversent.

- Qu'est-ce qu'ils foutent avec un camion au beau milieu de la nuit ?, je demande à Martin, pétrifiée.

- Je ne sais pas, c'est bizarre. Ils nous ont demandé nos passeports, et les coordonnées GPS...

- ...donc ils ont pu dire à n'importe qui où on se trouve !, je finis sa phrase, en ouvrant les yeux sur ce que nous n'avions pas vu venir. Ils sont là pour nous n'est-ce pas ?

- J'ai bien peur que ce soit le cas, en effet. Est-ce que nos vélos sont toujours là ?, Martin demande en essayant de garder son calme.

Nous avons laissé nos vélos dehors, contre la cabane. Je vais de l'autre côté de la tente pour regarder, mais il n'y a plus rien. J'informe Martin qu'ils les ont pris, désespérée. Mais à vrai dire, dans cette situation, le sort de mon vélo m'importe peu. Ce n'est que du matériel. La situation est critique. Personne ne sait où nous sommes, si nous sommes enlevés ici personne ne nous retrouvera. Heureusement, Martin a du réseau internet et envoie notre position à un ami. Ils sauront au moins dans quel secteur nous chercher. Cela me soulage un peu, bien qu'il y ait encore beaucoup de mouvements dehors. Quand vont-ils venir pour nous ? Martin regarde à l'extérieur de la tente et est ébloui par une lampe torche. Maintenant qu'ils savent que nous sommes réveillés, ils vont bientôt venir nous enlever c'est sûr. Comme nous sommes idiots ! Nous aurions dû écouter tous ces gens qui nous disaient que nous ne serions pas en sécurité à vélo dans le Sahara. Ils avaient tous raison. J'aimerais m'excuser de ne pas les avoir crus. Pourquoi fallait-il que je sois aussi têtue ? M'exposer à ces risques était bien égoïste. Quand je serai prise en otage, ce sont mes proches qui vont en souffrir, pas moi. Je ne veux pas leur faire ça, ils ne le méritent pas. Tout le monde a été si bon avec moi, je les aime. Oh comme j'aimerais pouvoir le leur dire là maintenant !

L'émotion me gagne, mais la tension redescend peu à peu. Il n'y a plus de bruit autour de la tente. Une demi-heure vient de passer, et rien. Peut-être avons-nous réagi de façon excessive ? Ils ont seulement pris nos vélos. Nous sommes entiers et c'est tout ce qui importe. Puis, les pieds que nous pouvions voir bouger depuis la tente remontent tous dans le camion. La porte claque. Le moteur démarre, et l'effroyable camion part enfin.

Nous pouvons respirer. Martin et moi nous demandons s'ils vont revenir, mais nous commençons aussi à nous dire que nous avons paniqué pour rien. Et s'ils étaient là pour autre chose ? Ils nous auraient déjà enlevés s'ils le voulaient vraiment. Au bout d'un moment, je suis trop épuisée pour continuer à penser à cette situation stressante. Je m'allonge et ferme mes yeux. Malheureusement pour Martin, je m'endors toujours en quelques minutes et il reste seul avec ses inquiétudes.

Je me réveille le lendemain, dans la tente, au même endroit, et vivante. Martin est à côté de moi et dort encore. C'est déjà une bonne chose. Prochaine étape : trouver les vélos et des explications. Je suis impatiente de me lever et de savoir ce qu'il s'est passé pendant la nuit. Je regarde par le bas de la tente, tout est comme avant. Je saute de mon sac de couchage pour faire un tour autour de notre camp. Mon cœur s'arrête lorsque je tombe nez à nez avec l'un des militaires. Il me demande simplement, avec un grand sourire et de façon très naturelle, si nous avons bien dormi. Je suis sans voix un instant. Mais ce n'est pas une blague. Il pense que nous avons passé une bonne nuit. C'est donc l'heure de clarifier la situation. Je lui demande ce qu'il s'est passé au milieu de la nuit.

- Le camion ? C'est simplement le camion citerne qui vient une fois par mois nous apporter de l'eau !

- Et où sont nos vélos alors ?, je demande, peu convaincue par son explication. Un camion citerne ? Ils auraient pu nous prévenir ! Mais s'il me rapporte nos vélos, je n'aurai d'autre choix que de le croire.

- Pardon, ils étaient dans le chemin et nous ne voulions pas les mouiller donc nous les avons mis autre part. Je vous les ramène tout de suite.

Et il revient de l'autre côté de la cabane avec nos deux vélos et toutes nos affaires. Incroyable ! Je ne pensais pas récupérer nos vélos aussi facilement, sans discussion. Et ils étaient là toute la nuit ! Je commence à me sentir idiote d'avoir imaginé toute cette histoire d'enlèvement. Mais bien sûr maintenant qu'il fait jour et que je suis reposée, c'est plus facile de se sentir rassurée et en confiance. Tout a l'air si différent la nuit. Je retourne rapidement à la tente pour prévenir Martin que ce n'était qu'un camion citerne. Notre imagination nous a joué un drôle de tour !

De retour sur la route, nous commençons à oublier cette nuit difficile grâce aux chameaux. C'est incroyable de les voir si près de nous, au bord de la route. Parfois ils restent sans bouger, parfois ils s'en vont en courant, d'autres fois ils traversent juste devant nous. Quel spectacle ! Je suis aussi excitée par ces animaux que le premier jour. Quand je pense qu'ils peuvent rester de cinq jours à deux semaines sans boire, je les admire encore plus. Les chameaux sont faits pour vivre dans le désert, grâce à leur adaptation à la sécheresse et à la chaleur. Ils n'ont pas besoin de beaucoup manger, et se nourrissent essentiellement de plantes sèches et épineuses. Leur bosse sur le dos transporte de la graisse, qu'ils peuvent transformer en eau ou en énergie. La nature est vraiment bien faite. Le chameau est ainsi un animal très important pour les nomades qui les utilisent depuis des millénaires pour transporter des denrées et se déplacer à travers le désert.

Aujourd'hui, le ciel est gris et il y a beaucoup de vent, ce qui crée une atmosphère un peu stressante. Tout est dans la tête, mais le jour paraît triste. J'adore le soleil, le ciel bleu et les couleurs qui brillent. C'est là que je me sens vivante et que je trouve que tout est beau. Néanmoins, le paysage mérite d'être apprécié avec son sol sableux et rocailleux. Il n'y a pas de végétation mais un relief qui le rend constamment différent.

En fin d'après-midi, nous arrivons à une station-service où il y a un restaurant et une petite boutique. Martin a faim et est fatigué, nous nous asseyons donc pour qu'il commande à manger. À côté de nous, un policier boit son café. Il nous pose des questions et nous suggère de dormir à un village à dix kilomètres d'ici, près de la mer. Ça semble un peu idiot de lui dire que c'est trop loin après tous les kilomètres que nous venons de parcourir, mais nous ne voulons pas faire un tel détour. Nous lui disons que nous allons plutôt rester ici, et trouver quelque chose dans les alentours. Mais ça ne plaît pas au policier, qui insiste. Nous arrivons enfin à lui faire comprendre que nous ne bougerons pas d'ici, mais nous devons lui donner notre numéro de téléphone. Il faudra le prévenir si jamais nous quittons la station-service. Il a besoin de savoir où nous passerons la nuit.

Bien qu'il soit encore tôt, mon cycliste allemand veut déjà monter la tente pour dormir. Il vaudrait mieux chercher autre chose car une station-essence n'est jamais un endroit calme et propice pour dormir. Mais je le laisse faire, car il n'aime pas que je prenne toujours les décisions. Il est libre de faire comme bon lui semble. Pendant ce temps, je vais manger car je n'ai pas encore nourri mon estomac. Il me reste des pâtes du déjeuner. J'y ajoute une conserve d'haricots rouges et le dîner est prêt. Quand j'ai fini, je rejoins Martin, mais il est en train de ranger la tente. Je lui demande ce qu'il se passe.

- C'est impossible de dormir ici, entre le bruit des camions, et le vent qui fait bouger tous les déchets. À chaque fois j'ai l'impression que quelqu'un touche à mon vélo, c'est un cauchemar, il répond, énervé. Tu aurais pu venir m'aider à mettre la tente !

- Peut-être que tu es fatigué, mais moi j'avais faim, donc j'avais besoin de manger. Je ne t'ai pas demandé de rester avec moi pour me tenir compagnie. De toute façon chacun fait ce qu'il veut, je réponds froidement.

- Tu vois, c'est ça le problème avec toi. Tu n'as pas d'esprit d'équipe. On voyage ensemble, mais on n'est pas une équipe. Si toi tu étais fatiguée, j'aurais monté la tente pour que tu puisses dormir. Mais toi, tu t'en fous. Tu savais que ce n'était pas un bon endroit pour dormir et tu n'as rien dit !

La tension monte. Nous nous reprochons mutuellement tout ce qui devait enfin sortir. Nous écoutons à peine l'autre, mais préparons juste la prochaine accusation.

- Je rêve ! J'ai accepté de rester ici pour te faire plaisir, même si je n'aime pas cet endroit, et maintenant tu me le reproches. Si ça ne tenait qu'à moi j'aurais été jusqu'à ce village. Tu es vraiment impossible !

Je suis en colère, très en colère. J'ai voulu lui faire plaisir et voilà que c'est moi la méchante. Je m'énerve rarement mais en étant fatiguée, faible, sans aucun confort ni douche depuis plusieurs jours, c'est facile de se laisser emporter. Martin veut partir de cet endroit. Je pense au policier qui nous cherchera peut-être mais je sens qu'il ne faut pas que je contredise mon compagnon énervé. Je remets donc la tente sur mon vélo. Martin n'a jamais accordé beaucoup de crédit aux autorités. Il fait toujours ce qu'il pense être juste, peu importe ce que la personne en face de lui représente.

À quelques mètres, nous tombons sur des habitations abandonnées. La porte d'une pièce vide près d'une mosquée est ouverte. Nous y entrons. C'est suffisamment grand pour y mettre nos vélos à l'intérieur, puis nous fermons la porte. De cette façon, nous sommes complètement cachés de l'extérieur. Je me focalise sur la préparation de la nuit. Je commence par monter la tente car c'est bien trop poussiéreux pour dormir à même le sol. Mais je fonds en larmes lorsque Martin relance à nouveau le sujet. Je me sens constamment critiquée, jugée. Suis-je encore libre ? Je dois faire attention à chaque chose que je dis, chaque mouvement que je fais, car cela pourrait être mal interprété. Je ne peux tout simplement pas être moi-même, je dois toujours penser, penser, penser. Penser à lui, et à sa réaction. C'est difficile pour moi, je ne suis pas sûre que je puisse le faire. Je ne suis probablement pas faite pour voyager avec quelqu'un.

Je continue donc à pleurer, désespérée par la situation. Tout cela m'interroge beaucoup sur la personne que je suis, et comment je vais être capable de vivre avec quelqu'un plus tard. Je ne partage pas ces pensées avec Martin, car je ne veux pas me livrer autant. Il me réconforte avec un câlin et quelques mots gentils, qui me font pleurer encore plus. Nous voyageons ensemble depuis un mois seulement et voilà que je pleure déjà toutes les larmes de mon corps. Une fille forte a-t-il dit ? Je ne suis pas sûre. Nous buvons ensuite un thé, parlons calmement, et essayons de voir comment nous pouvons continuer à voyager tous les deux. Mais j'ai besoin de repos. Je vais donc me coucher.

Heureusement, le jour suivant est plus paisible. Nous avons vraiment besoin de cette tranquillité. Nous atteignons quelques maisons à l'heure du déjeuner. Nous nous arrêtons devant un grand bâtiment, pour profiter de l'ombre et nous protéger du vent et du sable. Nous mangeons notre morceau de pain avec une boîte de thon lorsqu'un homme apparaît. C'est la seule personne qu'il y a aux alentours. Avec ses cheveux gris et ses lunettes, il semble avoir la cinquantaine. Il est habillé en tenue de sport et n'a pas l'air d'être l'homme le plus gentil au monde. Je crois qu'il vient nous dire de s'asseoir ailleurs.

À la place, il ouvre le bâtiment derrière nous et insiste pour que nous nous asseyons à l'intérieur. Il nous amène du thé, de l'eau, des couverts. Il ne faut pas longtemps avant qu'il nous propose de passer la nuit ici. Il est responsable d'une source d'eau chaude qui jaillit dans le "village", donc nous pourrions profiter d'une bonne douche. Au moment où il nous dit ça, Martin et moi échangeons un regard. Nous connaissons cet homme ! Ou pour être plus précise, nous ne l'avons jamais rencontré, mais nous avons lu à propos de lui. Mahfoud apparaît dans de nombreux blogs de cyclistes qui ont traversé le Sahara. Tous parlent de cette fameuse douche chaude qu'ils ont eu la joie de prendre ici, et de la générosité de cet homme. Nous pensions l'avoir déjà passé et donc ne jamais avoir le plaisir de le rencontrer. C'est formidable de le croiser ici par hasard ! Nous hésitons quelques minutes à rester ici car il n'est que midi, mais qui pourrait refuser une vraie douche chaude dans notre état. L'opportunité est bien trop tentante, et nous ne sommes pas pressés. Nous devons apprendre à profiter.

L'eau coule par un tuyau. Nous sommes dans une grande pièce avec de vieux murs qui craquellent de partout. L'eau jaillit dans une grosse bassine débordante, et submerge toute la pièce. Il fait bien chaud ici, et nous sommes aussi excités que Kirikou quand l'eau revient dans son village. Je suis ravie de partager ce moment avec Martin. Malgré nos disputes occasionnelles, je suis toujours très heureuse de vivre ces moments extraordinaires avec quelqu'un. Je le regarde et je souris pendant qu'il se prélasse dans la bassine. Il est beau avec ses cheveux mouillés, tirés en arrière. Je prends une photo pour immortaliser le moment. Nous restons ici à nous laver pendant un long moment. Nous nous badigeonnons de savon à deux reprises pour bien nous décrasser, et lavons nos cheveux. L'eau coule constamment, pas besoin d'économiser. Nous pouvons rester là aussi longtemps que nous le voulons. Nous en profitons un maximum, nous nageons dans le bonheur. Nous sommes fiers de suivre les pas de ces grands cyclistes qui sont venus ici avant nous.

De retour au bureau de Mahfoud, nous sommes extrêmement détendus, et ravis de la tournure qu'a pris la journée. Mais notre hôte et sa femme sont inquiets. Bien qu'ils parlent en arabe, la tension est palpable. Nous comprenons que le camion qui les ravitaille ne s'est pas arrêté chez eux comme à son habitude. Ils n'ont donc pas grand chose à nous offrir pour le dîner. Malgré la barrière de la langue, nous leur faisons comprendre que nous avons ce qu'il nous faut et qu'ils n'ont absolument pas besoin de nous nourrir. Nous sommes déjà très contents d'avoir pu prendre un bain et de passer la nuit à l'abri. Après la dispute d'hier soir, c'est exactement ce qu'il nous fallait ; se détendre, prendre soin de nous et partager un bon moment ensemble. Mais ici il est inacceptable de ne rien offrir à manger à ses invités. À la nuit tombée Mahfoud nous amène donc une grande casserole de riz avec de l'huile d'olive et une théière. Nous montrons avec des sourires que nous apprécions le repas, car nous savons que la nourriture est un bien particulièrement précieux ici. Malheureusement, sa femme ne mange pas avec nous. Question de tradition, je suppose. C'est dommage. Nous avons rarement l'occasion de passer du temps avec des femmes, qui restent souvent à la maison, pendant que les hommes se retrouvent dans la rue.

Nous nous mettons ensuite au lit, et non dans notre tente ce soir. Ce n'est qu'un matelas au sol, mais c'est amplement suffisant. Je m'allonge à côté de Martin après cette journée de rêve. Merci Mahfoud. Merci pour ton hospitalité envers des étrangers, pour ta compagnie discrète, pour m'avoir redonné foi en l'humanité. Tu as réchauffé mon cœur. Grâce à toi je me réveille de meilleure humeur. Le soleil est de retour, mes yeux brillent à nouveau et je souris à la vie.

Aujourd'hui, nous sommes le 6 février et nous passons le Tropique du Cancer. Une étape marquante de notre descente vers le sud. Je suis excitée et fière devant le panneau. Cela fait plus d'un mois que nous sommes en Afrique ! Je suis bien contente de ne pas avoir écouté les inquiétudes de mon entourage. Jusqu'ici je ne me suis jamais sentie autant en sécurité, grâce aux points de contrôle que nous passons quotidiennement. Le soir, lorsque nous n'arrivons pas à atteindre un poste de police, une station-service ou un village, nous pouvons toujours nous rendre à l'une des cabanes près de l'océan. Les militaires qui y vivent sont chargés de garder la côte, et sont accueillants. Ce soir, c'est notre seule possibilité. Nous quittons la route principale et faisons un petit détour à travers le sable. L'homme qui habite ici est seul. Il est surpris de nous voir, mais semble content d'avoir des visiteurs. Il connaît la procédure, et prend une photo de nos passeports. Il nous assure que nous sommes en sécurité ici, nous pouvons poser notre tente. Il nous demande si nous avons besoin de quelque chose, et bien que nous lui ayons répondu non, il nous amène des fruits. Des fruits ! Nous ne pourrions pas être plus heureux ! Il est très difficile d'en trouver dans le désert. Nous avons, encore une fois, frappé à la bonne porte.

Nous faisons un tour autour de la cabane, un peu inquiets. Où allons-nous bien pouvoir mettre notre tente ? Le vent est fort et il n'y a rien pour le stopper dans cet endroit plat, sauvage, et préservé. Ma tente est peu résistante, et celle de Martin se fixe avec des sardines, qui ne tiendront pas dans le sable. Nous réfléchissons à une solution lorsque le militaire nous pointe une autre cabane un peu plus loin. Des pêcheurs y habitent, mais ils sont absents ce soir donc nous pouvons dormir à l'intérieur. Nous poussons nos vélos contre le vent déchaîné, à côté du garde-côte. La cabane est faite de tissus, de cordes et d'un peu de bois. Très rustique. Une porte est fermée avec un cadenas, l'autre est bouchée par du sable. Nous avons un peu l'impression de nous introduire par effraction, mais nous avons l'approbation du militaire. C'est un miracle d'avoir cet endroit protégé. Nous entrons dans cette modeste cabane sans meuble. Il y a seulement un tapis au sol, et beaucoup de sable. Le militaire s'en va et nous nous mettons à l'aise dans cette petite pièce sans électricité. Nous utilisons le réchaud de Martin pour nous faire à manger et profitons de ce repas chaud, protégés du vent. Nous nous faisons plaisir avec un des fruits que l'homme nous a offert.

Nous nous apprêtons à nous coucher lorsqu'une voiture arrive. Une voiture ? Nous n'avons pas le temps de nous demander ce qu'il se passe qu'une voix nous appelle de l'extérieur. Nous regardons dehors par un petit trou, et voyons le militaire avec trois autres hommes. Nous espérons avoir tort, mais nous savons déjà que ce sont les pêcheurs qui sont de retour.

Nous sommes prêts à nous faire sermonner. Ils ne vont pas être contents ! Nous nous sommes plus ou moins introduits chez eux. Je suis désespérée car nous allons devoir retourner dehors, au milieu du vent et du sable. Mais il ne faut jamais sous-estimer la générosité des gens. Je suis ramenée à la réalité quand les pêcheurs arrivent à notre hauteur. Nous nous excusons immédiatement d'être chez eux, un peu honteux. Mais au lieu d'être irrités comme ils devraient l'être, ils nous saluent chaleureusement. Nous sommes les bienvenus à passer la nuit ici, ils vont trouver autre part où dormir. Pas question ! Je n'en crois pas mes oreilles. Ils s'excusent même d'arriver à l'improviste. Nous sommes obligés d'insister pour qu'ils ne partent pas, et qu'ils dorment au moins ici avec nous. Nous leur montrons qu'il y a assez de place pour tout le monde. Ils acceptent finalement de rester, mais trouvent quand même le moyen de mettre un drap pour séparer la pièce en deux, pour que nous ayons un peu d'intimité. Ils sont si gentils que la situation n'est pas aussi gênante qu'elle aurait pu l'être. Les trois hommes nous offrent même de la nourriture, que nous refusons car nous avons déjà dîné. Ils insistent pour que nous utilisions au moins leur câble, relié à la batterie de leur voiture, pour recharger nos téléphones. Malgré leur gentillesse, je suis bien contente d'être avec Martin, qui me procure un sentiment de sécurité parmi ces trois hommes.

Le lendemain, au moment de partir, nous sommes invités par les pêcheurs à prendre le petit déjeuner avec eux. Cette fois nous ne pouvons refuser. Le moment est irréel ; trois pêcheurs marocains vivant de façon très modeste, invitant deux étrangers de pays riches, à prendre le petit déjeuner, après avoir passé la nuit tous ensemble sous le même toit sans se connaître. Incroyable. Si seulement le monde entier pouvait nous voir et prendre exemple sur cette solidarité impressionnante. J'aimerais les serrer fort dans mes bras pour leur montrer à quel point j'apprécie leur geste. Mais ce serait déplacé. Les codes sociaux que j'ai appris me disent de garder mes distances. À la place, nous nous serrons la main poliment et prenons chacun mutuellement des photos des autres. Puis, nous les remercions avant de reprendre la route.

Deux jours plus tard, nous passons notre dernière journée avant d'entrer en Mauritanie. Nous sommes arrivés au poste frontière El Guerguerat. Martin, pressé de changer de pays, veut passer la frontière, malgré l'heure tardive. Mais cette frontière fait partie des plus dangereuses au monde. C'est un no man's land de quatre kilomètres où il n'y a pas de route. Pour ne pas se perdre il faut attendre que des voitures passent, sur un territoire qui était rempli de mines. Les gens du no man's land ont la réputation d'harceler ceux qui passent. Il n'y a aucune loi en vigueur car le territoire, par définition, n'appartient à aucun pays. Il nous faudra aussi faire un visa, et s'il y a un problème nous y serons coincés pour une nuit. Je préfère prendre mon temps et passer la frontière demain. Mais Martin n'est pas du même avis. Il pense que ce n'est pas aussi dangereux qu'on veut bien le dire. Personne ne nous laissera dormir dans le no man's land en cas de problème avec le visa.

- Parce que tu penses vraiment que ça leur importe le sort de deux touristes lambdas ? C'est le cadet de leurs soucis. Si nous n'avons pas le visa pour une quelconque raison, bien sûr qu'ils nous laisseront dormir là. La frontière marocaine sera fermée, donc on ne pourra pas faire demi-tour. On sera coincés, je réponds, tout en sachant que je dramatise un peu. Mais ce que je dis n'est pas entièrement faux.

- Tu es trop stressée. Allons-y et on verra bien !

Je suis peut-être trop stressée, mais lui est trop détendu. La frontière est très fréquentée et inorganisée. De nombreux camions et beaucoup de gens sont là, à attendre et à s'agiter.

- Pas question. Nous ne sommes attendus nulle part, pourquoi se presser ? Il faudra aussi que nous trouvions un endroit où dormir juste après la frontière.

Mon cycliste blond soupire, agacé, mais à court d'arguments. Je le défie en lui disant que si nous passons la frontière aujourd'hui, c'est sa responsabilité. Il laisse enfin tomber l'idée. Nous retournons alors à une station-service, non loin de là. Nous avons seulement un kilomètre à pédaler pour y arriver, mais le vent est contre nous. Il y a du monde ici - pour un endroit dans le Sahara -, beaucoup de véhicules et de gens qui chargent des camions. Difficile de trouver un endroit pour la tente au milieu de ce désordre. Heureusement, un homme vient nous offrir son aide. Nous hésitons un peu à lui dire ce que nous cherchons, car nous ne sommes pas sûr qu'il nous laisse passer la nuit ici. Plus sympathique que prévu, l'homme nous propose de dormir à l'arrière d'un camion vide. Ce camion bleu est probablement le squat quotidien, comme en témoigne la chicha et les pneus en guise de fauteuil. Nous balayons un peu les cendres. Martin et moi sommes tous les deux d'accord pour camper ici. Mais n'est-ce pas un peu risqué de dormir à l'arrière d'un camion ? Et si quelqu'un nous emmenait au beau milieu de la nuit ? Pour être certains que ça n'arrive pas, Martin attache son cadenas de vélo sur la porte arrière pour qu'elle ne puisse pas être fermée. Si le camion démarre, nous pourrons au moins sauter, et cela suffit à nous rassurer.

L'homme revient voir si tout va bien. Bien que nous soyons déjà ravis d'avoir accès à un robinet, il nous amène de l'eau minérale, pour notre grand plaisir. Cela nous évite de filtrer l'eau - chose que nous devons déjà faire tous les jours. Nous utilisons l'eau du robinet pour une merveilleuse "douche" à l'africaine dans les toilettes. C'est tellement bon d'avoir de l'eau qui coule ! Au milieu de la nuit, cerise sur le gâteau : l'homme nous apporte une succulente assiette de riz. À moitié endormis, nous dévorons le plat en un temps record. C'est souvent que je me couche en ayant encore faim, donc ce plat tombe à merveille. C'est une très belle façon de terminer la page de ce pays qui n'a cessé de nous impressionner. Et qui va nous manquer, c'est sûr.

Le redoutable désert mauritanien

Nous y voilà. Une des frontières dite des plus dangereuses au monde. Je suis un peu stressée. Parfois, il vaudrait mieux ne pas savoir. Quitter le Maroc nous prend déjà une demi-heure. C'est une frontière très fréquentée avec beaucoup de gens, de voitures et de camions, beaucoup d'attente et beaucoup de bureaux à passer. Heureusement, être à vélo est plus simple que d'être en voiture. Après avoir rempli toutes les formalités, c'est officiel, nous avons quitté le Maroc et faisons nos premiers pas dans le no man's land. Immédiatement, des gens tentent de nous vendre toutes sortes de choses, ou de nous échanger de l'argent. Mais nous continuons à pédaler et ils n'insistent pas. Un bon début.

Le premier kilomètre est bitumé donc tout roule facilement. Puis la route s'arrête d'un coup et débouche sur un terrain de sable rempli de carcasses de voitures et de cailloux. Heureusement, il n'y a pas de vent aujourd'hui donc la vue est dégagée. Nous pouvons voir le poste mauritanien, à quelques kilomètres de là. Parfois, il faut attendre qu'un véhicule passe pour voir le chemin, car il n'y a plus de trace au sol. Martin n'a pas peur d'y aller et se moque un peu de toutes les précautions que je prends. Peu importe, je préfère avoir l'air ridicule que de me mettre en danger. Mais tout est bien plus facile que prévu, à mon grand soulagement. Nous voyons déjà le drapeau mauritanien. Plus qu'une étape pour être de l'autre côté de la frontière.

"Regardez ici." Click. Photo. "55 euros." Je tends l'argent requis pour le visa. "Maintenant attendez ici." Ce n'est pas l'officier de police le plus aimable qui soit mais le visa République Islamique de Mauritanie est apposé sur nos passeports. Nous pouvons enfin entrer dans le pays. Nous l'avons fait ! Martin ne peut pas s'empêcher de me dire que ce n'était pas si compliqué, mais je n'y prête pas attention, je suis trop occupée à sourire. Les quarante jours au Maroc ont été une aventure formidable, mais je suis maintenant prête à découvrir ce que ce nouveau pays a à offrir.

Nous ne restons pas excités longtemps. Après seulement quelques kilomètres, un vent terrible se lève. Ce que nous avons expérimenté jusqu'à maintenant n'était rien. Le sable est partout autour de nous. Accompagné du vent, il nous fouette le visage. C'est horrible ! Nous ne pouvons rien faire d'autre que de continuer à pédaler, car nous ne pouvons nous arrêter nulle part. Tout est désert ici, il n'y a aucun abri. J'essaye de positiver, mais à chaque fois qu'un véhicule nous dépasse nous sommes poussés de tous les côtés et je perds mon calme. C'est dangereux, nous pouvons facilement nous faire renverser. Notre champ de vision est très réduit avec tout ce sable. Après quelques kilomètres qui paraissent interminables, nous arrivons à une intersection avec quelques maisons. Nous nous arrêtons devant une échoppe et parlons avec un vieux monsieur qui se tient à la porte. Nous lui demandons si ce vent est habituel. Il est particulièrement fort aujourd'hui, mais ça peut être comme ça pendant des mois. Il nous conseille de nous arrêter.

Nous ne savons que faire avec Martin, alors nous marchons un peu à côté de nos vélos en espérant trouver un endroit pour nous reposer et réfléchir. Nous trouvons une vieille boutique abandonnée à quelques mètres, avec des murs, un petit comptoir et des fenêtres. Un peu sale et sinistre, mais parfait dans notre cas. J'arrive à convaincre mon cher compagnon de rester là pour la nuit, bien qu'il veuille au départ continuer la route. En effet il n'est que midi, mais ça n'a pas de sens de pédaler par ce vent. Et où d'autre pourrions-nous dormir dans ces conditions ?

Nous passons donc notre après-midi ici à tuer le temps en lisant, en parlant du programme qui va suivre, et en se détendant. Soudain, un bruit assourdissant venant de l'extérieur retient notre attention. En regardant par la fenêtre, nous découvrons un train qui passe, non loin de nous. Le fameux train ! Il part de Nouadhibou et va jusqu'à Choum. Il transporte des minerais et serait le train le plus long, le plus lourd et le plus lent du monde. Ici, au milieu du désert, la scène est magique. Certains voyageurs l'empruntent car il est possible d'y monter gratuitement. Une expérience hors du commun il semblerait. Mais nous avons choisi d'aller directement à Nouakchott, la capitale, à 440 km au sud d'ici, où se termine enfin le Sahara. Nous admirons le train de là où nous sommes, et sommes contents de ne pas être dessus dans ces conditions climatiques.

Le soleil se couche déjà, donc nous montons la tente dans cette échoppe abandonnée, prêts à survivre à cette première nuit en Mauritanie. Le pays est réputé comme dangereux car il y a eu des enlèvements de touristes il y a quelques années. Mais la route principale sur laquelle nous allons pédaler ne présente de nos jours aucun risque particulier. Aujourd'hui, nous n'avons passé aucun point de contrôle. Personne ne sait où nous nous apprêtons à passer la nuit, et nous n'avons plus l'habitude. Martin et moi ne nous exprimons pas sur le sujet, mais nous ne sommes pas très rassurés. Alors quand, au beau milieu de la nuit, un homme étrange ouvre la fenêtre de l'échoppe depuis l'extérieur, nous paniquons totalement. Qui cela peut-il bien être ? Que veut-il ?

Comme il ne referme pas la fenêtre, je lui demande s'il parle français. L'homme baragouine quelques mots en arabe en guise de réponse, ferme la fenêtre, et part. Étrange. Nous essayons de garder notre calme mais nous retournons nous coucher effrayés. Nous passons le reste de la nuit accrochés l'un à l'autre, à cauchemarder, jusqu'à ce que le soleil se lève à nouveau.

Le vent est encore contre nous, mais il n'est pas aussi fort que la veille. Nous sommes contents de quitter cet endroit sinistre et de voir un peu de soleil. Le paysage est magnifique avec ses dunes jaunes. Qui aurait cru que le désert pouvait être si différent d'un endroit à l'autre. Mais nous sommes inquiets pour ce qui est de la nourriture. Nous mangeons des conserves et des pâtes depuis longtemps et aimerions trouver des fruits, des légumes, et du pain. Le premier village que nous croisons est un désastre. La seule épicerie ouverte ne vend rien d'autre que du lait de chameau et quelques biscuits bourrés de sucre. Le village suivant a davantage à offrir, mais la différence avec le Maroc reste importante. C'est très pauvre ici. Nous sommes heureux de trouver du pain, mais la suite va être difficile.

Nous ne croisons aucun autre endroit vendant de la nourriture tout le restant de la journée. Nous sommes donc bien contents le soir de tomber sur un restaurant local. Malheureusement, les plats, peu attrayants, coûtent bien trop chers. Sûrement parce que l'employé veut nous arnaquer. Nous sommes des touristes après tout, c'est le jeu. Fatigués, nous nous asseyons dehors, en se demandant ce que nous allons manger. Nous ne voulons pas soutenir ce genre d'acte, c'est du vol. Je commence alors à faire bouillir de l'eau pour une soupe déshydratée, quand un minibus s'arrête prendre de l'essence. Un groupe de cinq ou six personnes en sortent. Ce sont sûrement des mauritaniens car ils portent le boubou, l'habit traditionnel, qui vole avec le vent. Leurs yeux s'arrêtent sur nous, sales et épuisés. Ils s'approchent pour nous poser des questions sur notre voyage, dans un anglais parfait, pour le plus grand bonheur de Martin. Après seulement quelques minutes, un des hommes donne de l'argent à l'employé du restaurant pour qu'il nous prépare à manger. Inspirons-nous autant la pitié ? Nous, ces deux pauvres touristes qui préparent à manger dans un petit réchaud, juste devant un restaurant. Nous sommes stupéfaits. Ces mauritaniens, qui doivent sans doute gagner moins que nous, viennent de nous payer un repas ! À nous, ces européens, habituellement symbole de l'argent.

Nous rangeons nos affaires et entrons dans le restaurant, pendant que les hommes remontent dans le minibus et nous font un signe de la main. Le moteur démarre. Nous sommes un peu embarrassés par tant de générosité. Mais devant ce plat chaud, nous ne pouvons qu'être heureux. Nous montons ensuite notre tente dans le village, après avoir demandé l'accord au responsable. Il nous demande d'appeler la police, pour les avertir que nous passons la nuit ici. La sécurité d'abord. Nous nous couchons donc pour une deuxième nuit en Mauritanie, déjà réconciliés avec le pays.

Mais ce n'est que le début de nos surprises. Le jour suivant, nous sommes invités dans la hutte d'un jeune homme pour prendre le thé. Nous partageons un moment agréable. Dans l'après-midi, des inconnus s'arrêtent sur le bord de la route pour nous offrir des bouteilles d'eau. Bien que ce soit encore difficile de pédaler contre ce vent, ces récompenses sont très motivantes. L'eau est une denrée rare ici. Plus les journées passent, plus il devient difficile de pédaler avec ce vent et ce sable constant. Néanmoins, je prends conscience de la chance que j'ai de ne pas affronter ce défi seule.

Le matin avant d'atteindre Nouakchott, nous arrivons à un petit village où nous espérons trouver de l'eau, car la situation devient critique. Le village est constitué de trois malheureuses petites échoppes au bord de la route. C'est le matin, et personne n'est réveillé. Mais comme il nous faut vraiment de l'eau, nous entrons dans l'une des épiceries, en faisant un peu de bruit, en espérant que quelqu'un nous entende. Nous regardons les quelques paquets de biscuits périmés qui sont à vendre, quand un homme se lève de derrière le comptoir. Il était probablement en train de dormir, et il n'a pas du tout l'air en forme. Nous nous sentons mal à l'aise de l'avoir réveillé. Il ne sourit pas mais murmure un timide bonjour, sans aucune expression sur son visage. Est-il en colère, agacé, fatigué, irrité ou inquiet ? Impossible de savoir. Je regarde dans ses yeux, mais je ne peux y percevoir aucune émotion. Martin lui achète un paquet de biscuits. Depuis quand n'a-t-il rien vendu ? Comment fait-il pour vivre ? Quand a-t-il souri pour la dernière fois ?

Nous demandons quand même à ce pauvre homme un peu d'eau, car il serait trop dangereux de repartir d'ici sans un litre ou deux. Il nous apporte une petite bassine avec laquelle nous remplissons une bouteille. Nous n'en prenons pas plus car nous ne savons pas ce qu'il a pour lui. Nous le remercions chaleureusement puis continuons, déconcertés par les conditions dans lesquelles il vit. Il a l'air d'être terriblement seul, et ça fait mal à voir. Nous quittons l'endroit en partageant nos sentiments à propos de cet homme, si vulnérable.

Bienvenue à Nouakchott. Le panneau à l'entrée de la ville me donne un coup au cœur. En ce 13 février, nous avons enfin atteint la fameuse capitale de la Mauritanie. Un sourire illumine nos visages poussiéreux, terrassés par la fatigue. Ces deux derniers jours ont été plus durs que jamais. Imaginez du sable incessant, vous couvrant vous, la route, et tout ce qui vit dans ce désert. Imaginez un endroit avec strictement rien, où vous ne pouvez vous protéger absolument nulle part. Chaque jour, nous avons cru en finir avec ce désert, mais chaque jour le vent nous a désespérés. Nouakchott était, dans nos esprits, la terre promise, l'Eldorado que nous n'atteindrions jamais. Nous avions faim. Pensant avec inquiétude que notre nourriture ne suffirait pas, il nous a fallu économiser le peu qu'il nous restait. Avec ce vent, nous ne savions pas combien de temps ça nous prendrait.

Alors nous sommes arrivés à Nouakchott fatigués, affamés, sales, mais aussi soulagés et la tête pleine de souvenirs incroyables. Malgré les moments difficiles, le Sahara nous a rapprochés et je suis heureuse d'avoir Martin à mes côtés.

La ville est un gros désordre. Une ville d'Afrique typique, surchargée d'engins motorisés sans règle de conduite. Le contraste avec le désert est impressionnant, même si le sable est encore présent partout ; sur les trottoirs, sur les dunes autour de la ville, sur nous. C'est fou d'être de retour à la civilisation, dans une ville de près d'un million d'habitants. Nous quittons la route principale pour trouver un peu de calme et errons en quête d'un restaurant. Il faut absolument que nous mangions avant d'aller chez notre hôte. Ce que nous trouvons est un peu trop chic pour nos vêtements sales mais les prix sont raisonnables. Nous venons juste de traverser le Sahara sur nos vélos, ils ne peuvent pas nous refuser de la nourriture ! Et cette pizza bien méritée reste encore aujourd'hui probablement une des meilleures choses que j'aie jamais mangée. Peu de gens auront le privilège de manger dans leur vie une pizza fin-de-traversée-du-Sahara-à-vélo.

Cette route est, jusque-là, la plus difficile que j'aie eue à parcourir à vélo. Pas tant physiquement que mentalement. Le vent ça épuise, mais, surtout, ça casse le moral. Et à vélo tout est dans la tête. Si tu es capable de faire dix kilomètres, tu es aussi capable d'en faire des milliers. Question de motivation, et de temps. Sans Martin, j'aurais sans doute abandonné et cédé à la tentation de faire du stop. Mais, heureusement, lorsque l'un flanchait, l'autre le remotivait. Mille huit cents kilomètres séparent Guelmim de Nouakchott. Mille huit cents kilomètres avec si peu de villes qu'on les compte sur une main. Les kilomètres sont faciles avec le vent dans le dos, le soleil qui brille et une température clémente, comme nous avons eu dans la partie marocaine (ou Sahara Occidental). Mais la situation a totalement changée en Mauritanie quand nous avons eu à faire face au vent et au sable qui l'accompagne, dans un décor flou. L'épreuve a été rude, mais nous sommes fiers de l'avoir surmontée. C'est donc ainsi que nous profitons de Nouakchott ; avec cet agréable sentiment de mérite, tout en sachant que nous venons d'accomplir quelque chose d'incroyable ensemble.

Grâce à notre hôte, une suisse expatriée en Mauritanie, nous avons rencontré plein de monde dans la ville. Nous nous sommes requinqués en mangeant à notre faim, parfois dans un restaurant local, parfois en cuisinant les produits du marché. Nous avons fait notre lessive, et il a fallu changer trois fois l'eau avant qu'elle ne devienne plus claire. Nous avons quand même passé huit jours sans douche, imaginez l'état des vêtements ! Quel bonheur à présent d'être propres, de sentir bon, d'avoir les cheveux soyeux et de mettre par dessus tout cela des habits décrassés. Ça joue sur le mental tout ça. Nous avons même retrouvé dans la ville un homme rencontré dans le désert, avec qui nous avions échangé nos coordonnées. Je crois qu'il n'était pas rassuré quand il est venu nous parler il y a quelques jours avant que nous passions la nuit près d'une station-service. Il a l'air vraiment ravi de nous savoir arrivés sains et saufs à Nouakchott. Pour fêter ça, il nous invite dans un superbe restaurant traditionnel créé par des nomades. La cerise sur le gâteau. Il n'y avait pas de cerise, ni de gâteau d'ailleurs, mais un grand plat en sauce à partager, à base de riz, d'olives et de viande de chameau.

Au bout d'une semaine, tout ce qui était essentiel pour repartir en pleine forme est fait. Nous nous sommes même donnés une journée pour s'ennuyer, pour être sûrs d'être vraiment prêts à repartir. Puis nous avons enfourché nos vélos. Nous n'avons que deux cents kilomètres à parcourir entre Nouakchott et la frontière sénégalaise, notre troisième pays africain. Nous avons prévu trois jours. La végétation réapparaît de plus en plus. Il y a encore du sable mais aussi des arbres secs, puis des vaches, des arbres verts et une rivière. Quelle excitation après trois semaines dans le désert ! Nous avions oublié comment l'humidité pouvait sentir, combien le paysage pouvait être vert, à quel point la nature pouvait pousser.

Et nous avons été encore plus surpris le jour d'après en passant par le parc national Diawling, juste avant d'entrer au Sénégal. Nous pédalons sur un chemin de terre le long d'eau et d'arbustes. Soudain, venu de nulle part, un phacochère ! Puis un deuxième, un troisième, un quatrième. Parfois sur le bord de la route, parfois en train de traverser, parfois en train de courir, avec leur drôle de queue en l'air. Un animal bizarrement formé, tout plein de muscles, avec des cornes et une moustache peu habituelles. C'est fantastique, ils sont là pour nous tous seuls. Nous nous arrêtons à maintes reprises ; pour les oiseaux (Martin les adore), pour le panneau *Attention animaux sauvages*, pour le paysage, pour les crocodiles. Seule une pancarte nous a prévenus de la présence de ces animaux féroces. Juste derrière, quelques crocodiles du Nil se prélassent dans un point d'eau boueux. Nous nous arrêtons, pour être sûrs de nos yeux. Mais sans s'éterniser. On ne sait jamais.

Quelle fin ! Merci Mauritanie, tu auras été ma plus grande surprise. Un peu d'émotion lorsque le tampon de sortie de territoire est apposé sur mon passeport. Une page se tourne.

CHAPITRE 3

Difficultés dans les premiers pays subsahariens

Notre première ville au Sénégal, près de la frontière, est Saint-Louis. C'est une ville plutôt mignonne, située près de la mer et donc entourée d'eau. Nous nous y reposons quelques nuits. Nous prenons le temps de déguster la nourriture locale, de s'offrir une bière bien méritée avec notre hôte, et achetons une baguette tous les matins, à la française. Cela me ramène tout de suite à mon pays, qui me manque parfois. J'adore l'odeur des bonnes baguettes fraîches le matin. Certaines parties de la ville sont très peuplées mais nous sommes hébergés sur la partie île. C'est un quartier calme sans voitures, avec de beaux bateaux en bois traditionnels, très colorés.

Après Saint-Louis, nous continuons notre descente vers le sud, le long de la côte. Les plages de sable blanc et les magnifiques baobabs nous aident à surmonter les moments difficiles où nous devons pousser notre vélo à travers le sable, sous un soleil de plomb et sous les yeux des villageois, curieux de voir passer deux toubabs[13] à vélo. Il faut s'habituer à avoir du monde autour de soi. Dès que nous nous arrêtons pour nous reposer, manger, ou monter la tente, les habitants, souvent des enfants, se regroupent pour nous observer. Ils restent souvent un peu à distance,

---
[13] En Wolof, nom donné par les habitants pour désigner les Blancs

tant qu'aucun d'eux ne se rapproche. Dès que l'un ose venir un peu plus près de nous, ils s'y mettent tous. Si nous ne sommes pas trop fatigués, nous jouons avec eux ou essayons de communiquer et leur montrons notre matériel. Parfois, nous avons vraiment besoin d'être en paix, au calme, et alors nous ne sommes pas très réceptifs.

Peu importe le village que nous traversons, les gens sont toujours enthousiasmés par les peluches à l'avant de mon vélo. Toute la journée j'entends des dizaines de "donne moi une poupée". Hier, un homme avec une grosse voix m'en a demandé une depuis sa moto. J'ai essayé de le taquiner sur sa masculinité, mais ça n'a pas fonctionné. Au moins, ça me donne matière à discuter, et ça crée toujours une conversation amusante. C'est leur façon d'interagir avec nous. Les sénégalais commencent toujours par "donne moi" et essayent avec tout et n'importe quoi ; mon pneu de rechange, mon enceinte, une peluche, le vélo, de l'argent. C'est un peu comme un jeu, mais je n'aime pas beaucoup quand ça en vient à l'argent.

Au Sénégal, ce n'est pas toujours facile avec la chaleur, les routes en mauvais état, le trafic, l'attention que nous générons, et de surcroît la fatigue. Martin ajouterait la nourriture. Je suis assez surprise de l'entendre se plaindre sur ce que nous mangeons ici. J'ai été dans quelques pays en Afrique étant plus jeune - Madagascar, Tanzanie, Kenya - avec ma famille et je me souviens avoir mangé du riz poussiéreux, accompagné d'un petit morceau de poulet sans grande viande dessus. Mes attentes niveau nourriture sont donc très basses. Mais ici dans les restaurants sénégalais, le riz est plutôt bon, et il est généralement accompagné de poisson et de légumes en sauce. Il y a même des cacahuètes, du pain, des fruits et des légumes vendus au bord de la route. Mais mon cher cycliste n'arrive pas à se faire à la nourriture. Il la compare sans cesse avec les merveilleux plats marocains que nous avons dégustés, le Sénégal n'a donc aucune chance. Mais c'est une humeur globale. Il trouve aussi difficile d'entrer en contact avec les sénégalais, donc il n'a plus vraiment de quoi se réjouir.

- Allons en Asie ! Il y a de la nourriture partout là-bas, c'est bon, pas cher, et les gens sont gentils. On pourrait prendre un vol pour la Turquie et pédaler jusqu'en Asie du Sud-Est. C'est censé être magnifique. Je ne me plais pas ici.

- Mais non, non, non, on ne peut pas déjà partir du continent, on vient juste d'arriver ! Légumes, riz et poisson, que veux-tu de plus ?

Ça y est. Je suis sûre qu'il va me quitter. Je commençais tout juste à oublier qu'un jour je serai seule à nouveau. J'avais appris à compter sur l'équipe que nous formons tous les deux. Et voilà que maintenant il ne veut plus continuer. Je n'avais pas prévu ça, et je ne suis pas prête à être à nouveau seule. J'essaye de le convaincre qu'il faut persévérer et ne pas abandonner si vite, mais le problème vient de plus loin.

- Ou peut-être qu'il faut juste que j'arrête le vélo. Je suis fatigué et ça fait déjà huit mois que je voyage. Peut-être que j'ai juste besoin de rentrer chez moi, dit Martin.

- Il ne faut pas prendre de décision aujourd'hui. Nous avons eu des journées difficiles donc reposons-nous à Dakar le temps qu'il faut, et on décidera à ce moment-là de la suite du voyage.

Il acquiesce et nous terminons le repas en silence, chacun dans nos pensées. Mais je ne suis pas en paix, cette conversation est venue me perturber. J'essaye de me concentrer sur mon plat. Au milieu des légumes, une petite fleur, dans la sauce au milieu des légumes, attire mon attention. Curieuse de tester quelque chose de nouveau, je la mange en entier sans me poser de question. Mais à l'instant où je mords dedans, je sens que quelque chose ne va pas et mon premier réflexe est de tout avaler. La réaction de mon corps est immédiate : ma gorge brûle, mes yeux sont prêts à exploser, je tousse et pleure en même temps. C'est incroyablement fort ! Je la sens dans mon estomac, comme une boule en feu. Martin court gentiment à l'épicerie d'à côté acheter quelque chose qui pourrait m'aider. Il me ramène un yaourt frais qui soulage mon corps un instant, mais la douleur persiste. Je mange du riz, du pain et tout ce qui pourrait m'apaiser. Mais il faut un moment avant que la sensation de brûlure quitte mon corps. La serveuse me dit, en français, que c'était un piment. Martin n'a pas besoin que je fasse la traduction et se met à rire. Je viens juste de manger un piment tout entier ! Malgré cette expérience, nous continuons notre chemin vers la capitale.

Nous arrivons à Dakar, le 26 février, non sans mal. La route principale que nous empruntons pour atteindre la ville est épouvantable. J'ai l'impression de risquer ma vie à chaque fois qu'un camion me double. Les véhicules roulent à toute allure, et passent seulement à quelques millimètres de nous. Le vélo tremble, déstabilisé, et mon cœur fait un bond. C'est intense, effrayant, et dangereux. D'habitude, je pédale presque au milieu de la route, pour que les véhicules soient obligés de ralentir pour me doubler. Mais ici, les voitures klaxonnent de loin. Elles ne ralentissent pas du tout. C'est la loi du plus gros. Les gens n'ont pas de temps à perdre avec un un vélo sur la route. En Afrique, on dit que la mort est quelque chose de plus commun, et donc que la vie n'a pas autant d'importance. Ça commence dès l'enfance, où il est courant qu'un nouveau-né meurt ou qu'une femme perde la vie en accouchant.

Lorsque nous passons à côté d'un bus retourné sur le bas-côté, enfoncé dans une voiture, je me mets à paniquer. Je jette brièvement un coup d'œil à l'accident, qui a l'air sérieux. Quelle route risquée. Nous nous arrêtons alors à une station-service, à une vingtaine de kilomètres de Dakar pour nous reposer un peu. Et de là, il est bien difficile de repartir. Le trafic s'intensifie et plus nous nous rapprochons de la ville plus ça va empirer. Pourquoi ne pas prendre un bus ? Mais Martin refuse. Alors je prends mon courage à deux mains, et nous repartons en direction de la capitale.

Dakar est une ville immense d'un million d'habitants, trois millions avec les banlieues alentours. Traverser la ville pour rejoindre notre hôte prend du temps mais est bien moins dangereux que la route par laquelle nous sommes arrivés. Il y a tellement de trafic que les conducteurs ne peuvent pas aller bien vite. C'est tout de même épuisant car il faut avoir des yeux partout et tout anticiper.

Arriver chez Julien est un grand soulagement. C'est un endroit paisible au milieu du désordre de la ville. Nous avions différents choix d'hébergement à Dakar car plusieurs personnes ont accepté de nous accueillir. Le destin a voulu que nous choisissions Julien. Ce jeune homme habite seul dans une maison confortable et bien équipée (il y a même une machine à laver !), avec deux petits jardins, dans un endroit entouré d'oiseaux, loin du trafic.

Mince avec de courts cheveux bruns, probablement la trentaine, Julien est un homme très joyeux, avec un sourire chaleureux. Il est très intéressant. Les livres sur son étagère parlent d'eux-mêmes : permaculture, anarchisme, voyages, plantes médicinales, réflexions sur l'Afrique. Je sais déjà que je ne vais pas avoir le temps de lire tous ceux qui m'intéressent. Nous nous sentons tout de suite à l'aise chez ce français. Après quelques jours, nous sommes encore chez lui, et pas prêts à repartir. Chaque soir, la cuisine est un moment de convivialité tous ensemble. Chacun met la main à la pâte, nous discutons, rigolons, nous nous taquinons et passons du bon temps. À chaque dîner, nous cuisinons un festin. Le meilleur, c'est le dessert. Julien fait un gâteau un peu brûlé et le sert avec une délicieuse boule de glace. Imaginez un peu comme Martin est heureux ! Nous n'allons jamais quitter cet endroit. Mais c'est exactement ce qu'il nous fallait. Nous reposer, aller sur internet, cuisiner, manger, et avoir de la bonne compagnie.

Néanmoins, nous avons un problème. Où allons-nous après ? Nous voulons tous les deux continuer à pédaler ensemble, mais pas au même endroit. Martin veut aller en Asie, je veux rester en Afrique. Je serais trop frustrée de quitter le continent si tôt. Nous sommes donc dans une impasse, sans issue apparente. Nous passons du temps à réfléchir aux options qui s'offrent à nous. C'est alors que Martin suggère que nous allions en Afrique de l'Est. "Ça, je pense que je pourrais m'y faire. Il y a de la vie sauvage là-bas, et les animaux c'est une bonne motivation. C'est plus touristique donc plus facile à voyager et surtout, c'est un de mes rêves, alors que je n'ai jamais porté grand intérêt à l'Afrique de l'Ouest."

Au départ, je suis contre l'idée car il va falloir prendre l'avion avec les vélos, ce que j'aimerais éviter. Si je ne prends pas la voie terrestre, j'ai l'impression de manquer quelque chose. Puis je me raisonne. Même si nous allons jusqu'au Bénin comme prévu, comment allons-nous quitter le continent ? Le Nigeria n'est pas recommandé par les temps qui courent. Le contourner par le nord fait arriver au Tchad, qui n'est a priori pas plus sûr. Nous finirons donc de toute façon par être coincés et nous n'aurons d'autre choix que de prendre un avion. Si l'Afrique de l'Est est notre compromis, au moins nous restons en Afrique, et c'est tout ce qui compte pour moi. Mais je pense avec inquiétude qu'à l'est Martin rencontrera les mêmes problèmes. Mais puisque ce n'est qu'une question de motivation et qu'il a l'air plutôt confiant, je veux croire en lui.

Nous pensons néanmoins que nous n'avons pas assez exploré l'Afrique de l'Ouest. Nous prendrons donc un avion depuis Dakar après avoir fait une boucle via la Casamance (région Sud du sénégal), la Guinée-Bissau et la Gambie. Nous prenons donc nos billets pour le 29 mars, dans un mois environ. Aussi simple que ça. Nous restons encore un jour à Dakar, car nous nous sentons si bien chez Julien. Mais à un moment donné, il faut vraiment partir. Après une semaine à Dakar, nous pédalons vers le port de la ville pour prendre le ferry en direction de la Casamance.

Au moment où nous désembarquons à Ziguinchor, nous faisons l'expérience de quelque chose qui ne nous avait jamais gêné jusqu'à maintenant : la chaleur. Cela nous frappe de plein fouet. C'est une chaleur lourde et humide, dans laquelle il est difficile de respirer. Nous traversons la ville sous le soleil de midi pour trouver le Consulat de Guinée-Bissau, où nous devons faire notre visa, car il n'est pas délivré à la frontière. Nous entrons dans une pièce très simple, avec une table et quelques chaises. Le visa est facile à obtenir. Après seulement dix minutes et trente dollars, nous sommes déjà dehors, le papier officiel collé dans notre passeport. C'est excitant ! Jusque-là, ça a été très facile. Pour le Maroc et le Sénégal Martin et moi n'avions pas besoin de visa. Pour la Mauritanie toute la procédure s'est faite à la frontière. C'est donc une nouvelle expérience. Mon cycliste allemand est particulièrement enthousiasmé par ce pays. La langue courante n'est plus le français ! C'est une ancienne colonie portugaise, donc nous serons égaux face à la barrière de la langue.

Nous traversons la frontière le jour suivant sans aucun problème. Tout semble différent quand j'entre dans un nouveau pays. En Guinée-Bissau, je suis d'abord surprise par tous les gens qui marchent sur la route ou qui sont à vélo. Il y a très peu de trafic, bien que nous soyons sur la route reliant le Sénégal à la capitale, Bissau. Une joie ! Et un contraste impressionnant avec Dakar. Les gens ici ont l'air avenants, plutôt expressifs. Les conditions de vie sont plus modestes qu'au Sénégal, et nous n'avons vu que très peu de nourriture sur la route jusque-là. Lorsque nous arrivons à notre première station-service, nous commençons un peu à nous inquiéter. Il n'y a rien d'intéressant à acheter dans la petite boutique vide sans frigo. Les stations-service sont généralement riches et bien achalandées. Nous rêvions d'une boisson fraîche car la chaleur n'a pas cessé. Mais si même ici il n'y a ni nourriture ni électricité, nous ne risquons pas d'en trouver ailleurs.

À l'heure du déjeuner, nous nous arrêtons à un robinet public pour prendre une "douche" - un peu d'eau sur notre corps. Nous sommes très contents qu'il y ait un robinet, car nous n'avons vu que des puits ou des pompes à eau jusqu'à maintenant. Un adolescent comprend ce que nous nous apprêtons à faire et nous amène gentiment un seau. Puis, il ouvre la porte de son restaurant, et nous montre une petite pièce boueuse que nous pouvons utiliser comme salle de bain. Nous en sortons propres et rafraîchis. Nous sentons bon le savon. Nous sommes en train de déjeuner lorsque des amis à lui arrivent. Ils installent des chaises, une télévision, et une grande enceinte. Ils mettent du rap du Nigéria, d'un tempo dynamique. Les clip vidéos sont, comme beaucoup d'autres, désolants.

Les jeunes nous font goûter le fruit de la noix de cajou. La noix pousse sur un arbre, dans lequel il faut grimper pour l'atteindre. La noix de cajou est enrobée par une coquille verte claire, entourée par un fruit rouge orangé. Le fruit est juteux, très appréciable sous cette chaleur. Les jeunes nous expliquent que la coquille verte doit être grillée pour que la noix puisse s'ouvrir. Quel travail ! Un des adolescents achète un paquet de noix de cajou à un petit garçon, pour que nous puissions goûter. Une attention touchante.

Le soir, quand nous commençons à être fatigués, nous nous arrêtons devant une maison au bord de la route. La femme ne comprend pas l'anglais mais accepte que nous nous reposions ici. Il n'y a que très peu d'échange entre nous, mais il ne faut pas longtemps avant qu'elle se plaigne de sa santé et qu'elle nous demande des médicaments. Ses trois enfants avaient déjà quémandé mes peluches et nos vélos, et même de l'argent. Nous sommes un peu surpris car ce n'est pas ce à quoi nous sommes habitués. Les gens mendient parfois au bord de la route, mais c'est souvent pour entrer en interaction avec nous. Dès que nous nous arrêtons chez quelqu'un, ils ont tendance à offrir plutôt qu'à quémander. Nous nous sentons mal à l'aise ici donc nous décidons de partir. C'est à ce moment que je réalise que mon enceinte n'est plus là. Elle est d'habitude dans une petite housse accrochée à un mousqueton, dans mon panier avant. Impossible qu'elle puisse tomber. J'avertis alors Martin qu'elle a été volée.

- Tu es sûre qu'elle a été volée ? Peut-être que ce sont les jeunes de ce midi ?

- Non, je me serais rendu compte avant qu'elle manquait sinon. Et puis j'ai aperçu un des enfants tourner autour de mon vélo quand nous sommes arrivés.

J'explique alors à la mère ce qu'il me manque. Elle nie que ça puisse être un de ses enfants. Toute la famille insiste sur le fait qu'elle a dû tomber toute seule. Ce qui n'est clairement pas possible. La femme accepte quand même que nous regardions dans leur maison. Je me sens intrusive, donc j'ouvre seulement quelques tiroirs et regarde brièvement. Mais je ne trouve rien. Presque sûre qu'elle soit quelque part ici, je demande à Martin que nous patientions ici. Je suis très agacée que ce soit arrivé si vite, presque devant nos yeux. Même si elle n'a pas coûté cher, cette enceinte est très pratique et je serais très déçue de continuer mon voyage sans. Je me tourne alors vers la maman, pour lui montrer que nous n'abandonnerons pas.

Martin et moi nous asseyons, faisons bouillir de l'eau et buvons du thé pour se détendre et attendre calmement. Une demi-heure passe durant laquelle le garçon et sa mère se parlent de façon nerveuse. Le garçon s'en va puis revient, ils s'échangent de l'argent. À ce moment-là, Martin me dit que nous avons gagné, je vais récupérer mon enceinte. La pression est trop importante à gérer pour un enfant, et la maman doit s'inquiéter de ne pas nous voir partir. Elle a raison, je suis prête à attendre le temps qu'il faudra. Soudain, le garçon apparaît du fond du jardin. Il a mon enceinte dans ses mains ! Je suis vraiment contente, soulagée. Il prétend l'avoir trouvée par terre dans le jardin. Je me fiche qu'il soit en train de mentir, ce qui m'importe c'est de l'avoir récupérée. Je la remets dans sa housse pour prouver à la mère qu'elle n'a pas pu tomber d'elle-même. Je lis dans ses yeux une sorte d'approbation, bien qu'elle ne veuille pas l'admettre. Peu importe. J'ai mon enceinte, nous pouvons y aller.

Les jours qui suivent sont très difficiles. La température atteint les 49 degrés chaque après-midi. Toutes nos bouteilles sont exposées au soleil. L'eau est donc chaude et très désagréable à boire. J'essaye de me forcer à m'hydrater, mais chaque gorgée me dégoûte. Mon corps ne bénéficie pas de toute l'eau dont il a besoin. La nuit, il est très difficile de dormir car il n'y a pas d'air dans la tente. Je suffoque à cause de la chaleur. J'ai de la fièvre, probablement à cause de la déshydratation. Quand je sors dehors me mettre de l'eau dessus pour me rafraîchir, je tremble de froid. Et avec si peu d'heures de sommeil, c'est dur d'avancer le jour qui suit.

Bien que nous partions avant le lever du soleil, ce dernier brûle déjà à partir de dix heures. Nous avons pris l'habitude de faire une longue pause de 13h à 15h/16h pour éviter les heures les plus chaudes de la journée. Nous en profitons pour nous allonger à l'ombre, mais souffrons malgré tout, complètement déshydratés, et sans rien d'alléchant à manger. C'est de la torture. Ici en Guinée-Bissau, il n'y a pas un seul frigo pour acheter quelque chose de froid et rafraîchissant. Il n'y a pas de fruits et légumes vendus au bord de la route. Nous ne prenons aucun plaisir dans ces conditions. Nous aurions dû rester à Dakar. Pour la première fois, je veux rentrer chez moi. Je suis épuisée. Nous pédalons donc avec une seule idée en tête ; revenir chez notre cher Julien le plus vite possible.

Nous passons de la Guinée-Bissau à la Gambie par le Sénégal. Aujourd'hui, nous sommes le 14 mars et nous arrivons chez Yero, un ami de Peder que j'ai rencontré en Suède. L'accueil que nous réserve cette famille gambienne est bien au-dessus de nos espérances. Nous avons notre propre chambre avec un ventilateur, où nous pouvons nous reposer et nous rafraîchir. Yero et sa famille s'occupent de nous à merveille. Ils cuisinent pour nous, nous achètent de l'eau minérale et nous mettent parfaitement à l'aise. C'est tout ce dont j'avais besoin pour me remettre de ma déshydratation avant que ça ne s'aggrave. Nous décidons donc de rester une deuxième nuit pour être sûrs d'être bien remis.

Le jour suivant, nous sommes invités au mariage d'un de leurs proches. Nous sommes gênés d'être habillés de façon si simple à côté de toutes ces personnes qui portent de beaux habits traditionnels. Ce sont de longs et larges vêtements, très colorés. Musique, danse, chant, repas. Nous passons un moment très joyeux. Nous restons surtout avec les enfants, qui sont curieux et semblent très fiers de passer du temps avec nous, les deux étrangers.

La Gambie est un tout petit pays. Nous passons déjà la frontière le lendemain, après deux jours de détente chez Yero. Heureusement, nous avons pu quitter le pays sans encombre, car nous sommes entrés dans le pays de façon plutôt non-officielle. Il fallait que je fasse un visa, au contraire de Martin qui n'en a pas besoin pour entrer dans le pays. Il a un passeport allemand et moi français, et ce n'est pas la même politique pour les deux pays. Malheureusement, le prix du visa est très élevé. De plus, lorsque nous sommes arrivés à la frontière entre le Sénégal et la Gambie, on nous informe que le visa doit se faire dans la prochaine ville et non ici. Il me faudrait monter seule dans une voiture avec un officier de police quelconque. L'idée ne me plaît pas. Nous réfléchissons aux alternatives possibles. C'est alors qu'un autre homme en uniforme entre dans la pièce et nous dit qu'il peut nous "aider". Nous comprenons sa proposition, donc nous lui demandons son prix. C'est encore beaucoup d'argent, mais bien moins cher. L'officier apposera seulement un tampon dans mon passeport donc je n'aurai pas à aller jusqu'à la ville. D'habitude, je hais la corruption. Mais ça nous permet d'éviter bien des complications. Nous donnons donc discrètement l'argent demandé puis continuons notre route, un peu honteux.

Maintenant que nous sommes à nouveau au Sénégal, nous nous sentons plus proche de Dakar, notre objectif. Nous avons encore quelques 300 km à parcourir sous cette chaleur, mais nous rejoignons la côte pour avoir plus d'air. Nous respirons à nouveau. Le Sine Saloum est un endroit naturel magnifique. Malheureusement, nous ne sommes pas encore au plus haut de notre forme pour en profiter pleinement. Nous sommes transpirants, sales, affaiblis, et souffrons de la chaleur. Nous continuons à pédaler, puis prenons un bus pour les cinquante derniers kilomètres, et arrivons à nouveau à la capitale, soulagés.

De retour à Dakar après ces deux semaines difficiles - qui nous ont semblé bien plus longues - nous sommes ravis d'être à nouveau dans la belle maison de Julien. Nous avons maintenant une semaine pour préparer nos affaires pour notre vol du 29 mars. Planification, repos, empaquetage. Et cette dernière tâche nous prend bien du temps. En France, il suffit de demander une boîte dans une boutique de vélo pour pouvoir mettre ce dernier dans l'avion. Mais au Sénégal, pas question. Les boutiques de vélo n'en ont pas. Tout est réutilisé. Nous récupérons donc quelques petits cartons dans les supermarchés, pour en fabriquer un grand par nous-même. Pendant quelques jours, nous sommes inquiets de savoir si cette boîte va être assez résistante pour un vélo.

Heureusement, notre hôte, un vrai champion, revient aujourd'hui avec de très bonnes nouvelles. "On a reçu deux télévisions aujourd'hui au boulot et j'ai tout de suite pensé à vous et vos vélos. J'ai deux grands cartons pour vous !" Formidable ! Nous sommes ravis de les avoir. Nous commençons à démonter nos vélos l'après-midi même. Nous tournons le guidon, enlevons les roues, les pédales et le garde-boue. Cela nous prend un certain temps. Nos pédales sont tellement rouillées qu'elles sont très difficiles à enlever. Cette tâche nous prend une heure ou deux.

Puis, nous scotchons du carton supplémentaire aux boîtes d'origine pour les agrandir car les vélos ne rentrent pas complètement à l'intérieur. Pour finir, nous protégeons les parties fragiles du vélo. Mais comment allons-nous maintenant nous rendre à l'aéroport, à 40 km d'ici, avec ces deux énormes boîtes ?

Tout s'est bien déroulé jusqu'à l'aéroport, où nous venons juste d'enregistrer nos bagages et attendons patiemment. Je suis soulagée, mais une douleur à la tête qui n'a fait qu'empirer depuis quelques jours m'empêche d'aller bien. Je n'ai pas eu le temps de m'occuper du problème. J'espérais que ça passerait tout seul. Malheureusement, ce n'est pas le cas. Au contraire, la douleur ne cesse de s'aggraver et je suis de plus en plus inquiète. Maintenant que je suis dans l'avion, je m'en occuperai à Nairobi.

CHAPITRE 4

L'Afrique de l'Est : Kenya, Ouganda, Rwanda

Nous avons atterri à Nairobi très tôt le matin. Heureusement, nous n'avons pas eu à traverser la ville à vélo car quelqu'un est venu nous chercher en voiture. La vie est belle parfois. Mon père a contacté le seul homme travaillant pour la même entreprise que lui au Kenya, en lui demandant s'il pouvait nous aider d'une quelconque façon pendant notre séjour dans la capitale, où il habite. Timing parfait : l'homme est absent aux dates où nous sommes là, et nous prête gentiment son appartement. Mais ce n'est pas n'importe quel appartement. C'est un appartement dans un hôtel ! Il y deux chambres, une connexion Wifi, une télévision, une cuisine équipée, ainsi qu'une piscine et une salle de musculation dans le bâtiment. S'ajoutent à cela tous les services d'un hôtel comme un buffet pour le petit déjeuner, l'entretien de la chambre, et le transport vers l'aéroport. Quel luxe. Le contraste après la Guinée-Bissau est brutal.

Notre premier jour à Nairobi est un peu mouvementé. Il faut que je m'occupe de cette douleur à la tête. Elle a commencé il y a quelques jours par des ganglions enflés. Par moment, la douleur envahit tout mon esprit, quelque chose que je n'avais jamais éprouvé auparavant. Je ne peux littéralement penser à rien d'autre, comme si la douleur était partout dans mon cerveau. Quand Martin essaye de me divertir, rien ne fonctionne. J'en suis arrivée à un point que je ne peux plus supporter, donc ce matin à Nairobi nous allons directement à l'hôpital. Je suis très inquiète, car la douleur touche la tête, une partie importante du corps. Arrivés à l'hôpital, nous devons déjà attendre plus d'une heure pour passer à l'accueil. La journée va être longue.

Je fais d'abord un check-up avec l'infirmière, puis nous attendons. Je dois passer à la caisse avant de voir le docteur. Puis nous attendons. Je suis brièvement examinée par le docteur, qui ne fait rien d'autre que de poser quelques questions. Il me prescrit une prise de sang et un scanner. Je fais la queue pour payer la prise de sang. Puis à nouveau en salle d'attente. Nous attendons les résultats. Puis nous traversons l'hôpital pour réalisé le scanner prescrit. Il est déjà 16 heures et nous sommes arrivés à l'hôpital à 11 heures.

Nous attendons depuis une heure pour faire le scanner, quand soudain la secrétaire me dit que le radiologiste ne me recevra pas aujourd'hui. Nous devons revenir le lendemain. Je fonds en larmes. Toute la pression et la douleur que je retiens depuis toutes ces heures ressortent. C'en est trop ! Martin et moi avons déjà attendu toute la journée, sur une chaise inconfortable, dans une salle d'attente bondée. Tout ça avec ma souffrance. Je dis à la secrétaire qu'il n'est pas question que je revienne demain. Le radiologiste doit me recevoir aujourd'hui, nous venons d'attendre toute une heure pour ça. Pourquoi ne nous a-t-elle pas prévenus dès le départ ? Je vais aux toilettes me calmer et sécher mes larmes, pendant qu'elle convainc le radiologiste. Victoire. Je vais être reçue dans trente minutes.

"Pourquoi vouliez-vous faire le scanner de façon si urgente ? C'est un jour férié aujourd'hui, les prix sont plus élevés qu'habituellement", me dit le radiologiste. Je n'en crois pas mes oreilles ! Quel manque terrible de communication. Je n'avais pas idée que mon rendez-vous avait été repoussé pour cette raison. La secrétaire ne m'a pas dit un mot là-dessus. J'aurais aimé être informée, pour pouvoir choisir moi-même entre les deux options.

Nous sommes enfin de retour à la salle d'attente principale pour le dernier combat ; obtenir les résultats du scanner. Complètement dépassés, aucun membre du personnel ne s'occupe de nous. Il est maintenant 21 heures. Nous insistons auprès des médecins pour obtenir le fameux compte-rendu du scanner et pouvoir enfin partir. Je ne veux pas dormir ici ! Nous finissons par l'obtenir. Il n'y a rien d'anormal. Je souffre donc a priori d'une simple infection. Je demande au médecin de me prescrire des antalgiques pour me soulager. Nous quittons l'hôpital, après plus de dix heures à l'intérieur. J'ai l'impression d'avoir perdu mon temps et mon argent. Je ressors, toujours aussi souffrante, sans connaître l'origine de ma douleur. J'ai simplement une ordonnance et des antibiotiques. Nous rentrons nous reposer. Pauvre Martin qui a dû endurer cette journée éprouvante avec moi. Je suis heureuse qu'il m'ait soutenue dans un tel moment.

Une fois nos vélos réassemblés, nous consacrons nos journées uniquement à nous détendre. Martin part pour un safari de deux jours pendant que je reste me reposer. Les médicaments sont efficaces, la douleur s'estompe, mais mon corps est affaibli. Quand il rentre de son safari, je suis complètement guérie et ravie de le revoir. Être éloignés quelques jours nous fait prendre conscience que nous nous apprécions vraiment l'un l'autre.

Quitter Nairobi n'est pas chose facile. Nous nous sommes habitués au luxe, et nous avons bien apprécié avoir un endroit rien que pour nous. Aujourd'hui, c'est le jour du départ. Sortir de la ville est une épreuve.

Imaginez un peu deux vélos au milieu d'une route à trois voies pleine de trafic, avec des gens partout et des matatus[14] qui nous doublent et s'arrêtent constamment. La route qui mène à la vallée du Grand Rift n'est pas moins dangereuse. Elle est mouillée, étroite, pleine de virages et de camions. Nous arrivons tout de même entiers autour du lac Naivasha, après avoir pédalé 102 km.

Le lendemain, nous sommes récompensés de cet effort. Nous pédalons sur une route publique autour du lac, et la vie sauvage est impressionnante. Seuls des locaux passent par ici, plus intrigués par nous que par les animaux. Il y a des zèbres, des girafes, des babouins, des phacochères et des antilopes le long de la route. Nous ne faisons pas beaucoup de kilomètres ce jour-là ! C'est magique de voir ces animaux sauvages depuis son vélo. Nous sommes dans leur environnement naturel, sans rien pour nous protéger. Nous sommes aussi vulnérables qu'eux, ce qui crée une sorte d'égalité. Le soir, nous choisissons de passer la nuit dans un vrai camping autour du lac, pour observer les hippopotames en sécurité. Une grande pelouse donne sur le lac, mais il n'y aucune tente. Je demande à l'agent de sécurité si nous pouvons mettre la tente où nous désirons.

- Oui, aucun problème, où vous voulez, me répond-il.

- Et les hippos ne vont pas venir sur l'herbe ?, je réponds, surprise par sa réponse. Les hippopotames sont connus pour être dangereux, territoriaux, et ils mangent de l'herbe la nuit. Il n'y a absolument aucune barrière autour du camp.

- Non, ils ne viennent pas de ce côté-là du lac, je n'en ai jamais vu en dehors de l'eau.

---
[14] Nom local des minibus

Nous plantons donc notre tente près du lac plein d'hippopotames, peu convaincus. Nous allons boire une bière au bar - la première que nous nous offrons depuis le début du voyage -, jouons à des jeux et admirons le lac. Nous passons du bon temps, comme en vacances. D'habitude, je ne considère pas le voyage comme des vacances. Pour moi, le voyage ce n'est pas du repos. C'est plutôt une aventure, où il faut être courageux. Je me fais rarement plaisir en buvant une bière ou en allant au restaurant, comme les autres pensent parfois. Néanmoins, nous avons décidé avec Martin de voyager dans cette partie de l'Afrique de façon plus détendue. Après cette belle soirée ensemble, nous retournons à notre tente, lorsque l'agent de sécurité responsable de la nuit, vient nous voir. Il nous demande si c'est notre tente qui est près du lac.

- Mais vous ne pouvez pas la mettre ici, c'est très dangereux ! Les hippopotames sortent la nuit et vont détruire votre tente et vos vélos.

- Pourtant j'ai demandé à l'agent de sécurité qui était là avant vous et il a dit qu'il n'y avait aucun problème, je m'empresse de répondre.

- Il travaille ici seulement pendant la journée et les hippopotames ne sortent pas de l'eau à ce moment-là, donc il ne les a jamais vus hors du lac.

Nous bougeons alors notre tente de place. Je suis bien contente qu'il nous ait prévenus. Quel soulagement ! Nous aurions dû poser notre tente ailleurs dès le début, au lieu de faire confiance les yeux fermés. À la nuit tombée, nous sommes bien contents d'être sur cette petite colline. Les hippopotames sont très actifs.

Le jour suivant est difficile car la route monte et descend constamment. Une grosse averse nous oblige à nous arrêter en plein milieu d'une montée. Nous nous protégeons sous un abri devant une épicerie, et attendons. Lorsque la pluie est passée, Martin veut continuer. Pour ma part, je pense qu'il est trop tard pour reprendre la route. Tout est trempé. Martin me défie alors de trouver un endroit où dormir. Je regarde autour de moi, observe, et me dirige vers un jeune homme qui est là depuis un moment.

Je lui demande seulement où nous pouvons poser notre tente, mais Nicoluz, qui parle un très bon anglais, insiste pour que nous dormions à l'intérieur. Il habite dans une maison avec trois petites chambres. Nous hésitons, car nous ne voulons pas déranger. Martin ne veut pas dormir sans moustiquaire, ce qui est plutôt raisonnable. Certains moustiques transmettent le paludisme. Ce virus a tué des millions de gens depuis des années. Le danger n'est donc pas là où nous pensons le trouver. Lions crocodiles, requins ; ils ne sont rien à côté du moustique, qui est en fait l'animal le plus dangereux de la planète. La situation s'améliore, mais il y a encore beaucoup de travail. Des médicament préventifs existent mais leurs effets secondaires, notamment mentaux, peuvent s'avérer très mauvais. Martin et moi avons seulement des médicaments curatifs en cas de crise. Il nous faut donc nous protéger et réduire le risque de se faire piquer.

Nicoluz a alors fait tout son possible pour nous trouver une moustiquaire. Chose faite, nous ne pouvions plus refuser le gîte. Et quand nous sommes réveillés en pleine nuit par une pluie extrêmement forte, nous sommes très reconnaissants d'être à l'intérieur.

Chaque jour, il nous faut trouver où dormir. Martin est plutôt du genre solitaire, et aime cacher la tente pour trouver un endroit paisible et sauvage. En Europe, j'étais pareille, jusqu'à ce que je me rende compte que je dormais souvent mieux quand je demandais à être sur le terrain de quelqu'un. Pas de sentiment d'insécurité, pas d'inquiétude d'être chassé. C'est aussi un bon moyen d'entrer en contact avec les locaux, donc j'aime ça.

Néanmoins, Martin a toujours voulu dormir dans une école. En fin d'après-midi, nous nous arrêtons devant l'une d'entre elles, où des enfants jouent au football. Je demande aux adultes si nous pouvons dormir ici. Après quelques discussions, ils nous proposent de dormir devant des bureaux, juste à côté. Il y a de la place pour notre tente sur un carré de bitume, entouré d'un petit mur, et couvert. Mais nous sommes au milieu du village et beaucoup d'habitants passent. Il ne faut pas longtemps avant qu'une vingtaine de personnes soit réunie autour de nous. Par chance, le muret préserve notre zone de confort.

L'homme qui nous a amené ici reste un moment avec nous, et nous présente à tout le village. C'est un professeur et il parle très bien anglais. Tout le monde est fasciné par ce que nous faisons : le montage de la tente, le gonflage du matelas de camping, le filtrage de l'eau. Tous nous posent beaucoup de questions, sur des choses qui sont pour nous évidentes. Nous sortons notre réchaud pour nous faire des pâtes pour le dîner. "Et vous allez cuisiner dans cette petite boîte ? Seulement ça ? Vous les Mzungus[15] vous ne mangez rien !" Tout le monde se tord de rire. La portion de nourriture leur semble ridicule. Nous essayons d'expliquer que c'est pour seulement une personne, et que nous allons y ajouter une conserve de pois chiches ou d'haricots rouges. Mais rien ne les convainc. Je verse mes coquillettes dans l'eau bouillante, quand le monsieur nous demande ce que c'est. "Des pâtes", je lui réponds. Et lui de nous demander quel goût ça a. Nous lui faisons essayer, mais je suis sûre qu'il a déjà goûté avant. Il ne doit probablement pas se rendre compte que ces coquillettes sont la même chose que des spaghetti. Nous expliquons comment le

---
[15] Mot local utilisé pour désigner les Blancs, les étrangers

réchaud fait bouillir l'eau, ce qui fait cuire les pâtes. "Vous, vous êtes des gens très créatifs", finit-il par dire. Nous rigolons. Cela me rappelle que notre vie de tous les jours peut être bien différente de la leur. Une chose si simple que de faire des pâtes n'est pas aussi universel qu'on le pense. Nous prenons des photos avec eux, avec ce drôle de sentiment d'avoir l'impression de venir d'une autre planète. Ça c'est l'Afrique profonde, celle des clichés des livres et des films. L'Afrique que j'aime, qui m'apporte le dépaysement dont j'ai besoin. Plus je la découvre, plus j'apprends à l'apprécier. L'Afrique est si surprenante.

Notre première nuit en Ouganda est un peu mouvementée. C'est très peuplé autour de la route principale, donc nous avons dû mal à trouver un endroit calme où poser notre tente pour la nuit. Nous avons passé la frontière avec le Kenya aujourd'hui. Nous abandonnons l'idée d'être totalement en paix, mais nous voulons tout de même ne pas avoir trente enfants autour. Nous choisissons alors une maison au hasard, plutôt luxueuse par rapport aux standards africains. Le propriétaire, un homme sans expression sur son visage, est suffisamment poli pour nous laisser camper devant chez lui, mais il ne montre aucun signe d'enthousiasme. Il nous parle à peine. Nous allons nous coucher.

Au milieu de la nuit, une voix forte et ivre nous réveille. "Hello ! Hey, mes amis. Comment ça va ? Vous dormez ? Vous m'entendez ? Ne vous inquiétez pas vous êtes en sécurité avec moi. Vous êtes en sécurité ici, pas de problème. J'espère que vous dormez bien les amis. Il n'y a pas de problème. Je suis officier de police. Je ne vous l'ai pas dit mais maintenant vous le savez, je suis un officier de police. Donc vous êtes en sécurité ici, vous n'avez pas à vous inquiéter." Le propriétaire de la maison continue ainsi quelques minutes, pendant que nous restons silencieux, prétendant être endormis. Nous sentons par moment de l'agressivité dans sa voix. L'alcool est un désastre, nous sommes mal à l'aise. Heureusement, sans réponse de notre part, il s'arrête et nous pouvons dormir. Le lendemain, Martin découvre qu'il a un pneu crevé juste au moment où nous allions partir. Nous voulions nous dépêcher pour ne pas le croiser. Mais nous devons rester réparer la crevaison. Lorsque nous avons fini, nous serrons la main du monsieur, visiblement honteux. Il n'ose pas nous regarder dans les yeux.

Fatigués, nous pédalons sur la même horrible route qu'hier. Ils conduisent comme des fous ici ! Les véhicules passent à quelques centimètres de nous, à toute vitesse. Absolument aucune considération. C'est pourquoi nous sommes heureux d'arriver sains et saufs à Jinja. Nous nous réconfortons avec un Rolex - qui vient de rolled eggs, un chapati avec des œufs, et non une montre de luxe. De la street food de base, qu'on trouve un peu partout. C'est bon, rapide, et ça tient au corps - bien que nous ayons besoin d'en manger deux chacun. Nous sommes cyclistes tout de même ! Jinja est une déception. Nous pensions arriver dans une ville paisible au bord du lac Victoria. À la place, nous découvrons une ville très fréquentée, pleine de boue, sale, et en construction. Rien de palpitant, sauf la nourriture en abondance, et que nous mangeons sans nous priver. Heureusement, nous avons une petite maison rien qu'à nous pour nous reposer, grâce à une famille de Warmshowers. Et rien que pour cela, ça valait la peine de s'arrêter ici.

Nous sommes le 19 avril et aujourd'hui nous continuons notre voyage depuis Jinja, où nous nous sommes reposés quelques jours. Après la folle route qui menait à cette ville, nous avons décidé de contourner la capitale Kampala, qui aurait été encore plus fréquentée et dangereuse à vélo. Nous passons donc des jours entiers sur des pistes de terre au lieu de routes bitumées. D'habitude, je ne suis pas fan de ces chemins, mais comparé au trafic sur la route principale, je suis contente d'être là où nous sommes. Ces routes de terre deviennent impraticables après la grosse averse de la journée - c'est encore la saison des pluies - mais cela arrive en général seulement dans l'après-midi. Quand l'averse tombe, nous nous arrêtons pour nous abriter, car la pluie est si forte que personne ne reste dehors. C'est comme si le pays tout entier s'arrêtait l'espace d'une demi-heure.

Les jours passent. Nous progressons doucement mais sûrement vers l'ouest du pays. Hélas, chaque soir il est difficile de trouver un endroit où passer la nuit. Le pays a récemment subi un conflit armé et les habitants ne veulent pas prendre la responsabilité de nous avoir sur leur territoire. Ils pensent que nous n'y sommes pas en sécurité. Il nous faut donc toujours trouver un endroit où il y a un garde de sécurité, comme un poste de police ou des bureaux. Ici, les agents de sécurité ont des fusils impressionnants, parfois pour ne garder rien de plus qu'un supermarché pendant la journée. Ce n'est pas rassurant.

Aujourd'hui, nous arrivons à une ferme. Nous sommes invités par les amis d'une collègue de mon père. J'imaginais une petite ferme familiale et modeste. Mais celle-ci est absolument le contraire. Elle accueille six cent vaches. Les machines utilisées sont pour la plupart importées d'Allemagne, ce qui en fait une ferme très moderne. La propriétaire et son petit-fils sont là pour nous accueillir dans une grande et luxueuse maison. C'est un tout autre monde ici ! Un grand contraste avec le reste du pays. Ils utilisent même des bouteilles d'eau minérale pour se brosser les dents, alors que la plupart des villageois n'ont même pas l'eau courante. C'est un peu gênant mais nous passons malgré tout une agréable soirée en leur compagnie. Ils sont ravis d'écouter nos histoires et posent des dizaines de questions. Ils sont impressionnés, bien que notre voyage ait l'air trop insensé pour eux.

Nous repartons le jour suivant après une nuit confortable dans un vrai lit, avec de nombreux yaourts - le péché mignon de Martin depuis que nous sommes en Afrique - dans nos sacoches. À la pause, je lui fais remarquer qu'il a cinq yaourts, alors que je n'en ai que quatre. Je suis frustrée d'en avoir moins et un peu en colère car je suis une maniaque du partage équitable, et il le sait. Ça peut sembler idiot de faire une histoire pour un yaourt. Mais quand il y a peu de nourriture, que tu es fatigué et qu'il fait chaud, c'est très facile de perdre son sang-froid. Pourquoi aurait-il droit à plus de yaourts que moi ? Je les mérite autant que lui.

- Oh allez ce n'est qu'un yaourt ! D'habitude tu n'en achètes jamais et maintenant que c'est gratuit tu en veux plein !, se plaint Martin quand je lui fais la remarque.

- C'est une réponse stupide. Oui j'économise mon argent et les yaourts sont chers ici, quel est le problème ?

- Tu n'aimes que les choses qui sont gratuites de toute façon. Et tu as mangé un yaourt ce matin pour le petit déjeuner à la ferme et moi non, donc celui en plus c'est le mien.

Et cette conversation continue pendant un moment jusqu'à ce que tout explose. Nous continuons à pédaler, énervés l'un envers l'autre, comme des enfants. Je sais que la situation est stupide, mais c'est plus pour le principe de partager, que pour le yaourt en lui-même. Ce n'est pas un partage équitable. Dans ce genre de moments, je n'arrive pas à entendre les arguments de Martin. Je ne peux m'empêcher de penser qu'il agit ainsi juste pour m'embêter et que si j'avais été seule j'aurais eu tout pour moi. Si j'avais été seule il n'y aurait pas eu de dispute. Si j'étais seule tout serait plus simple. Non, ne pas penser ainsi ! J'essaye de ramener mon esprit à des pensées positives. Ce serait différent si j'étais seule, mais pas mieux. Quand bien même, ces disputes sont difficiles à gérer pour moi et ont lieu trop fréquemment à mon goût. Martin n'a jamais l'air tellement affecté, alors que je n'arrête pas d'y penser le restant de la journée.

L'Ouganda signifie pour nous le pays du parc national Queen Elizabeth. Nous savons qu'il est possible de le traverser à vélo et ainsi de voir des animaux sauvages. Nous avons donc fait un grand détour dans cette optique. Très impatients d'y arriver, nous faisons du stop et montons dans un camion qui nous avance de plusieurs kilomètres. Nous en avons assez de l'Ouganda. Depuis que nous avons quitté Jinja, il y a 500 km, la route va toujours tout droit, et monte et descend constamment, de façon très pentue. C'est démoralisant. Toute la journée, nous passons devant des hommes sur leur moto, désœuvrés, qui s'ennuient. Ils sont très désagréables. À chaque fois, l'un d'entre eux dit quelque chose et tous les autres éclatent de rire. Nous ne comprenons pas leur langue, mais nous savons bien qu'ils se moquent de nous. Nous essayons de les ignorer, mais c'est gênant de se sentir moqués. La plupart de ces types sont ivres, même pendant la journée. L'alcool est malheureusement un gros problème dans le pays. C'est pourquoi nous avons hâte de voir les animaux du parc national.

Lorsque nous entrons dans le parc, aucune indication ou recommandation ne nous est donnée sur comment se comporter face aux animaux sauvages, qui peuvent être potentiellement dangereux. Nous pédalons d'abord sur la route principale, une route publique bitumée qui traverse le parc national sur trente kilomètres seulement. Voitures, camions, antilopes, buffles. Nous nous sentons plutôt en sécurité car il y a du passage, et nous pouvons voir au loin les animaux qui arrivent.

Le jour d'après, nous décidons de nous engager sur l'autre route autorisée à vélo, qui traverse le parc sur 90 km. Nous tournons à droite pour l'emprunter, et nous nous retrouvons alors sur un petit chemin de terre sans personne. Plus une seule voiture, un seul camion, une seule moto. Nous ne nous sentons pas à l'aise. La végétation est dense, de part et d'autre du chemin, ce qui nous empêche de voir les animaux qui pourraient être autour. Nous pédalons quelques kilomètres sans voir aucun signe de vie, un peu nerveux. N'est-ce pas un peu dangereux ? Mais quand nous voyons à quelques mètres au loin un groupe d'éléphants qui traverse, nous sommes si excités que toute notre peur disparaît. Nous accélérons la cadence pour ne pas les manquer. Martin est plus rapide que moi, et passe, sans s'en rendre compte, près d'un groupe d'éléphants sur sa droite, tout près de lui. Je me dis que c'est dangereux et essaye donc de l'avertir en chuchotant. Comme il ne m'entend pas, je continue à pédaler pour le rejoindre, et fait tinter ma sonnette pour attirer son attention. Quelle idée stupide ! Immédiatement, un éléphant immense, à environ deux mètres de nous, se retourne, nous dévisage et lève sa trompe vers le ciel en faisant un bruit assourdissant. En même temps, les oreilles du plus grand mammifère terrestre au monde commencent à s'agiter. L'animal de plusieurs tonnes n'est qu'à un bras de nous, et il n'est pas content. Je sens que je perds tous mes moyens. "Je crois qu'il est en train de nous charger", j'arrive à articuler, aussi blanche que je puisse être. Martin ne répond pas. Il n'avait pas besoin de moi pour le constater. Aussitôt, nous commençons à pédaler aussi vite que possible, guidés par nos réflexes, l'animal gigantesque à nos trousses.

- Est-ce que ce sont aussi des éléphants devant nous au loin ?, je demande, complètement paniquée. Quel cauchemar, nous sommes entourés ! Comment allons-nous faire pour nous sortir de là ? Heureusement, l'éléphant derrière nous s'arrête, et nous pouvons ralentir.

- Non ce ne sont pas des éléphants, je crois que ce sont des gens ! Oui, des gens, répond Martin, avec beaucoup d'enthousiasme.

Nous n'aurions pas pu rêver mieux que de voir des gens. Nous nous dépêchons de les rejoindre, heureux de ne pas être seuls dans cette situation critique. Ce sont trois hommes à vélo, qui transportent des bananes. Ils sont à l'arrêt car des éléphants passent devant eux. Malheureusement, ils ne parlent pas un mot d'anglais donc nous ne pouvons obtenir aucune information. Une fois les éléphants passés, nous pédalons quelques minutes avec eux, jusqu'à ce que nous décidions de faire demi-tour. Nous sommes tous les deux d'accord qu'il est complètement inconscient de faire 90 km sur cette route, à vélo. Une fois enfoncés dans le parc, nous n'aurons plus la possibilité de nous échapper. Mieux vaut faire demi-tour tant que c'est encore possible.

Stressés à l'idée de passer à nouveau devant l'éléphant qui nous a chargés, nous sommes sur nos gardes. Martin regarde à droite, moi à gauche. Plusieurs groupes d'éléphants traversent devant nous. Mais cette fois, nous agissons de façon convenable. Nous nous arrêtons dès l'instant où nous les apercevons, et nous les laissons traverser, dans un silence total. La route semble interminable, et j'ai hâte de la quitter. Nous arrivons à nouveau sur la route principale, soulagés, bien contents d'avoir choisi de faire demi-tour. C'est bien trop dangereux.

L'aventure se termine à midi lorsque nous quittons le parc. Le reste de la route est belle, elle monte progressivement et donne sur un cratère, puis redescend dans les plantations de thé. Mais l'éléphant qui nous a chargés ne quitte pas nos esprits de la journée. Une expérience aussi irréelle que traumatisante !

Les quatre derniers jours en Ouganda sont heureusement plus paisibles. Nous profitons chaque jour des ananas vendus sur le bord de la route, transportés à vélo. Nous nous récompensons un soir en passant la nuit dans un petit chalet donnant sur la vallée. Nous faisons un détour pour nous détendre au lac Bunyonyi, juste avant d'arriver à notre prochain pays.

Kigali, 30 avril, 5166 km en Afrique. Kigali est la capitale du Rwanda, un petit pays surpeuplé. Il nous faut seulement un jour pour parcourir les 120 km qui séparent le lac Bunyonyi de la capitale. Nous n'avions pas fait autant de kilomètres en une journée depuis bien longtemps. Nous sommes fiers et heureux de constater que nous en sommes toujours capables. Bien que le Rwanda soit surnommé le pays aux mille collines, la route est plate, car elle passe dans la vallée. Nous croisons sur la route de nombreux cyclistes rwandais. Ils sont incroyablement rapides, bien qu'ils transportent souvent des gens ou des bidons de lait. À chaque fois que nous les saluons avec notre sonnette, les cinq ou six hommes qui pédalent ensemble nous répondent avec enthousiasme.

La capitale est au milieu des collines, avec de larges routes très propres. Les sacs plastiques sont interdits au Rwanda. Une fois par mois, les habitants ramassent les ordures de la ville. C'est l'Umuganda Day. Le contraste avec les autres pays est impressionnant et c'est très agréable de s'y balader. Nous restons quelques jours dans la ville. Le Rwanda est connu pour l'horrible génocide perpétré il y a une vingtaine d'années. Nous ne pouvions donc pas quitter la ville sans visiter le mémorial/musée dédié à ces évènements. Nous le parcourons au même moment que des étudiants, ce qui rend l'expérience encore plus difficile. Nous entendons beaucoup d'entre eux éclater en sanglots, pleurer, crier. Une pièce vide est réservée à ceux qui ont besoin de se calmer. Les faits sont très récents. Le génocide s'est passé il y a seulement vingt ans. Ces étudiants sont donc directement concernés. Cette visite n'est pas un moment agréable à passer, mais quelque chose que nous devions affronter, puisque c'est une grande partie de l'histoire du pays. Malgré cela, la vie continue.

Nous passons les jours qui suivent à jouer à des jeux de société, à visiter, à manger de bons plats, et à se demander de quelle façon nous allons traverser la Tanzanie. Le pays est très grand, et en arrivant par le Rwanda il n'y a sur le papier pas grand chose d'intéressant sur la route : pas de Kilimandjaro, pas de Zanzibar, pas de Serengeti. Tous ces endroits sont bien plus à l'est. Nous ne voulons pas faire le détour. Nous quittons Kigali en espérant avoir l'opportunité de faire du stop. Nous pédalons seulement vingt kilomètres hors de la capitale lorsque nous tombons sur un camion arrêté sur le bord de la route. Même si c'est un peu tôt pour s'arrêter de pédaler, nous sommes déjà démotivés par la route donc je tente ma chance en demandant au conducteur s'il va à la frontière. Deux minutes plus tard, Martin et moi sommes tous les deux assis à l'avant d'un grand camion vide, en route pour une nouvelle aventure.

CHAPITRE 5

Dans les zones rurales de Tanzanie puis au Malawi

Pour la première fois, nous passons donc la frontière dans un camion et non à vélo. Notre gentil chauffeur nommé James traverse toute la Tanzanie vers l'est, nous poursuivons donc notre route avec lui plus longtemps que prévu. Nous roulons jusqu'à la tombée de la nuit. 500 km sur cette route en piteux état ne prend pas le même temps que sur nos belles autoroutes. À certains endroits, la route est tellement cabossée que nous serions sans doute plus rapides à vélo. Quel voyage pour tous ces camions qui font des allers-retours jusqu'au port de Dar-Es-Salaam ! Malgré tout, je suis contente d'être assise dans l'un d'eux. Nous n'allons pas vite, ce qui nous permet de profiter du paysage, et nous voyons au loin car nous sommes bien plus haut qu'à vélo. La route est très fréquentée. C'est l'axe principal entre Dar-Es-Salaam et le Rwanda, l'Ouganda, le Burundi, et la République Démocratique du Congo.

Après une journée et de nombreuses heures sur la route, nous ne sommes toujours pas arrivés à Nzega, où nous quitterons James. La nuit s'est installée, nous nous arrêtons donc à un parking réservé aux camions. Le genre d'endroit où il ne fait pas bon être une jeune fille blonde. Il n'y a que des hommes ici, pas de touriste, et encore moins de femme. Difficile d'être à l'aise quand on ne se sent pas à sa place.

En même temps, c'est une drôle d'expérience que de vivre comme un chauffeur de camion. Drôle parce que Martin est là, autrement ce serait une autre histoire. Nous montons notre tente dans le container vide à l'arrière du camion. Malheureusement, nous ne dormons pas beaucoup à cause du bruit des bars et de la musique autour.

Le lendemain, après deux heures de route, nous arrivons à Nzega. James se dirige à présent vers l'est. Quant à nous, nous allons tout droit vers le sud. Nos chemins se séparent donc ici. Au bord de la route, nous récupérons toutes nos affaires, avec l'aide de tanzaniens, surpris de nous voir sortir du véhicule. Nous saluons notre chauffeur, et lui souhaitons bonne route. Nous remettons nos bagages sur nos vélos et faisons une halte à la station-service d'en face pour se préparer pour la route ; petit déjeuner, toilettes, eau. Quand tout est prêt, nous remontons sur nos vélos, contents de pédaler à nouveau. L'air frais. Le sourire des gens. Le soleil. Les odeurs. Cette première journée de vélo en Tanzanie est très agréable.

Hélas, la deuxième journée est bien moins plaisante. Elle commence par une route de terre plutôt sympathique. Le paysage est magnifique. La route, de couleur ocre, est entourée de marécages, de beaux arbres et d'arbustes. Nous avons l'impression d'être au milieu de nulle part, et à vrai dire c'est plutôt le cas. Les villages sont rares ici, ainsi que les gens. Une première depuis le Sahara ! Parfois, la route est recouverte d'eau, et ces passages sont difficiles à traverser. Il est dur d'estimer combien de temps il nous faudra pour atteindre le Malawi. C'est une route non touristique, très peu fréquentée, sans beaucoup d'information. Aujourd'hui, nous avons croisé seulement trois hommes. Ils étaient en train de pêcher dans un marécage, sans rien autour. Irréel et inattendu. Nous nous sommes tous dévisagés curieusement. Puis l'un de nous a fait un signe de la main, et nous avons tous souri. Nous ne sommes pas complètement seuls par ici, et c'est un peu rassurant. Cette journée aurait pu être un merveilleux souvenir. Je me suis sentie en harmonie complète avec l'environnement qui m'entoure, sans voitures ni habitants. C'était incroyable.

Jusqu'à ce que les mouches tsé-tsé nous attaquent. Nous ne savions pas grand chose de ces mouches avant de les rencontrer ce jour-là. Nous ne savions même pas à quoi elles ressemblaient, donc nous n'étions pas sûrs de ce qui était en train de nous arriver. L'horreur a commencé par seulement quelques mouches, qui nous tournaient autour pendant que nous pédalions. Mais ce ne sont pas des mouches habituelles. Elles ressemblent à, et agissent comme, des taons. Elles sont agressives, elles piquent, et elles font mal. Pour éviter de se faire piquer, nous mettons nos vestes de pluie. Néanmoins, elles continuent d'attaquer nos mains, nos jambes, et même notre visage. Au début, bien qu'extrêmement désagréable, la situation est supportable car elles ne sont pas beaucoup. Mais le nombre de ces vilaines mouches ne fait qu'augmenter au fur et à mesure que nous avançons, jusqu'à devenir un véritable cauchemar.

La torture doit ressembler à ça. Je ferais littéralement n'importe quoi pour que ça s'arrête. Je pédale une main sur le guidon, l'autre essayant de repousser les mouches tsé-tsé de mon visage. Et ces petites bêtes sont résistantes ! Pour les tuer, il faut presser fort, sinon elles survivent. Quand l'une est pleine de sang, c'est qu'elle t'a piqué. Martin est en difficulté à l'avant, mais malheureusement nous ne pouvons rien faire pour nous aider mutuellement. Ces insectes nous submergent littéralement. Nous sommes épuisés, transpirants, assoiffés. Comment allons-nous faire pour nous arrêter ? Il est déjà 17 h et je ne vais pas pouvoir continuer ainsi des heures. Elles vont nous manger vivants.

Soudain, une cabane se tient au bord de la route. C'est un miracle. Faite en bois, c'est la seule construction humaine à des kilomètres à la ronde. Nous nous arrêtons, car la situation ne s'est pas arrangée depuis au moins deux heures. Dans un premier temps, les mouches se jettent toutes d'un coup sur nous. Nous crions, faisons de grands signes avec nos mains, secouons notre tête et nos jambes. En panique totale, nous montons la tente en un temps record, et nous réfugions à l'intérieur. Nous tuons les quelques mouches qui ont réussi à nous suivre. Puis nous pouvons enfin respirer à nouveau.

Nous avons du mal à réaliser ce qu'il vient de nous arriver. Pendant deux heures, des dizaines et des dizaines de mouches qui piquent nous ont suivis et attaqués. Elles étaient partout ; sur nos sacs, notre dos, notre visage, dans nos yeux, nos oreilles, nos narines. Un vrai combat, auquel nous sommes bien heureux d'avoir survécu. Mais la partie est loin d'être gagnée. Comment allons-nous pouvoir continuer notre voyage ? Je réfléchis à la situation, pendant que Martin en tue une de plus. C'est un vrai cauchemar. Je veux rester vivre dans la tente.

Une demi-heure plus tard, après avoir repris nos esprits, nous remarquons que c'est maintenant complètement calme autour de nous. Les mouches sont toutes parties. Je suis encore inquiète qu'elles nous attaquent dès l'instant où nous serons dehors. Mais il nous faut absolument de l'eau ! Pendant le combat, nous n'avons pas eu le temps de boire ne serait-ce qu'une gorgée. Nous sommes complètement déshydratés. Petit à petit, nous ouvrons la tente, la peur au ventre. Mais rien ne bouge autour de nous. Je vais aussi vite que possible à mon vélo, prendre des biscuits et de l'eau, et retourne dans la tente. Nous allons peut-être manquer d'eau demain mais je suis trop heureuse d'être débarrassée de ces mouches pour me préoccuper de ça. Pour l'instant, la seule chose qui importe c'est de récupérer l'énergie que nous avons perdue pendant la bataille. Nous prenons notre dîner dehors, avec une boule au ventre.

La cabane à côté de nous a l'air abandonnée. Il n'y a rien à l'intérieur et le sol doit être très boueux les jours de pluie. Peu de chance que quelqu'un vienne dormir ici ce soir. Plus tôt dans la journée, nous avons vu quelques bushmen qui marchaient vers je-ne-sais-où, ainsi qu'un monsieur à vélo qui allait dans l'autre direction, lui aussi entouré de mouches. Nous avons croisé seulement deux voitures. Nous sommes en train de nous brosser les dents, lorsque trois hommes apparaissent. Ils s'arrêtent une seconde, nous saluent chaleureusement, et disparaissent à nouveau dans le bush. Mais où vont ces hommes ? D'où viennent-ils ? Depuis combien de temps marchent-ils ? Tant de questions qui restent sans réponse. Le mystère rend cette brève rencontre encore plus spéciale. Nous allons nous coucher, heureux de ne pas être les seuls humains dans cette nature sauvage, et quelque part enchantés d'être au milieu d'une Tanzanie aussi rurale.

Le jour suivant, les premiers instants à vélo sont très stressants. Pendant un moment, je crois naïvement que la mésaventure est terminée. Peut-être que les mouches ne vivent que dans une zone précise et qu'elles sont parties pour de bon. Mais petit à petit un nouveau groupe se forme autour de nous. Nous essayons de pédaler le plus vite possible pour s'en débarrasser, mais rien n'y fait. Quand j'arrive à hauteur de Martin, je réalise que le combat d'hier n'était rien. Son dos est rempli de mouches, nettement plus que la veille. Je ne vois même plus sa veste verte, qui est maintenant noire. Quel choc. J'ai envie de pleurer, de vomir, de laisser tomber. Je ne vais jamais survivre à ça ! J'ai besoin de tant de soutien à ce moment-là, et voir Martin constamment loin devant me désespère.

J'aimerais qu'il fasse demi-tour, laisse son vélo de côté, me prenne dans ses bras et me dise que tout ira bien. J'ai besoin de ses bras autour de moi, de ses lèvres contre les miennes, et de ses mots rassurants. Mais rien de tout cela ne se passe. Et les tsé-tsé ne me laissent pas le temps de rêver. Elles me ramènent constamment à cette cruelle réalité.

Je me concentre pour pédaler tant bien que mal. Nous avons vu hier soir sur la carte qu'il y a un village à 30 km de là. Atteindre ce village est notre seule chance de nous en sortir. J'aimerais pouvoir faire du stop, appeler à l'aide, mais nous n'avons croisé personne aujourd'hui. Nous pédalons aussi vite que nous pouvons, mais je ne peux m'empêcher de penser que ces mouches vont nous tuer. Notre énergie s'épuise peu à peu. Avec ces satanées bêtes autour il est impossible de boire, et nous perdons beaucoup d'eau avec nos vestes de pluie qui nous font transpirer. Mais entre se faire piquer constamment dans le dos, et avoir trop chaud, nous avons choisi le moindre mal. Comme ce serait horrible de mourir d'épuisement à cause de ces bêtes !

Heureusement, nous arrivons enfin au village tant attendu. Je n'ai jamais été aussi heureuse de voir des gens. Dès que nous nous approchons de l'endroit, les tsé-tsé nous quittent une par une. Quelques-unes persistent, mais nous pouvons au moins enlever nos imperméables. C'est comme respirer à nouveau après quelques heures en apnée. Les habitants du village sont adorables, bien que surpris de nous voir arriver sur nos vélos depuis cette route. Ils aimeraient qu'on se joigne à eux mais nous avons besoin de calme et de tranquillité pour reprendre nos esprits. À chaque fois qu'une simple mouche se pose sur ma main, mon cœur fait un bon. Mais il faut à nouveau reprendre la route. Nous finissons la journée sans mouche tsé-tsé autour, mais clairement traumatisés.

Plus tard, nous nous renseignons un peu sur ces bêtes, pour comprendre un peu ce cauchemar. La mouche tsé-tsé, qui veut dire la mouche qui tue les vaches en tswana, est un des plus grands drames de l'Afrique. Elle transmet la maladie du sommeil, qui tue le bétail et rend l'agriculture impossible dans les zones infectées. Personne ne vit donc dans ces zones, c'est pourquoi nous n'avons vu personne. Ces mouches sont attirées par ce qui bouge, et la vitesse d'un vélo semble idéale. D'autres cyclistes en Afrique ont vécu la même situation, et ils décrivent tous un cauchemar similaire au nôtre.

Le jour suivant, la vie continue enfin sans les horribles mouches. Nous commençons doucement à nous en remettre, mais nous n'oublierons jamais. Dans la soirée, nous croisons le chemin d'un jeune garçon, muni d'une faux. Il rentre probablement des champs. Il ne doit pas avoir plus de dix ou onze ans ; l'âge d'aller à l'école, pas de travailler. Très souriant, nous interagissons avec lui malgré son anglais un peu pauvre et notre swahili inexistant. Quand nous nous arrêtons faire une pause, il s'assoit avec nous et accepte le biscuit que nous lui offrons. Martin remonte son pantalon et découvre ses mollets recouverts de piqûres de tsé-tsé qui ont enflées. Ce n'est pas beau à voir. Le garçon les observe aussi. Il a l'air inquiet. On sent qu'il voudrait nous aider. Il insiste que nous soignons ça dès que nous pouvons. Malgré la barrière de la langue, nous nous comprenons plutôt bien et il nous inspire tout de suite beaucoup de sympathie. Nous apprenons beaucoup de ce garçon, notamment quelques mots en swahili comme kiboko (hippopotame) et tembo (éléphant). Il nous suit lorsque nous reprenons la route et m'aide à pousser mon vélo car la pente est raide. Il veut rester avec nous mais nous lui faisons comprendre qu'il doit partir. Il va bientôt faire nuit et ses parents vont s'inquiéter. Je lui offre un petit jouet que je transporte depuis le début du voyage, pour qu'il puisse jouer avec. Il s'assure que nous trouvions un endroit pour passer la nuit, hésite, puis s'en va enfin. Malheureusement, nous n'avons plus aucun contact avec lui et nous espérons qu'il va bien.

12 mai. Aujourd'hui, nous avons atterri au hasard dans un pensionnat alors que nous cherchions un endroit où passer la nuit. Le professeur nous a installé deux chaises devant les cinquante enfants, pour une session de Questions-Réponses. La première question est posée par une jeune fille de 18 ans : "comment pouvons-nous tirer profit de vous ?" Martin et moi échangeons un regard. Voilà comment commence l'échange. Nous n'en croyons pas nos oreilles. J'essaye d'expliquer que nous ne sommes pas forcément là pour leur apporter quelque chose. Nous sommes ici pour découvrir une autre culture, une autre façon de vivre. Et nous sommes ravis de partager la nôtre, ce qui en fait quelque chose dont ils peuvent tirer profit. Les questions s'enchaînent. Certaines sont plus classiques, d'autres pas moins surprenantes. Au fil de l'échange, nous leur expliquons que nous bivouaquons souvent dans la nature. Une jeune fille qui veut devenir journaliste nous demande dans un bon anglais si nous n'avons pas peur.

- Peur de quoi ?, je réponds, comme toujours face à cette question habituelle.

- Vous n'avez pas peur des animaux ?

- La plupart des animaux sont plus effrayés par nous, que nous par eux.

Même si ce n'est pas toujours vrai, la peur des gens face à la vie sauvage est souvent exagérée, donc j'aime remettre les choses à leur place. Mais à ce moment-là, ma réponse n'a pas l'effet escompté. La jeune fille nous demande si les animaux ont peur de nous parce que nous sommes Blancs. Martin et moi explosons de rire. Mais personne d'autre ne rigole. C'est drôle, mais aussi un peu gênant, alors nous passons au sujet suivant, la nourriture. Et ça n'en est pas moins divertissant. On nous demande ce que l'on mange, et si nous avons amené la nourriture depuis notre pays. Nous leur précisons que ça fait des mois que nous sommes sur la route, donc la nourriture n'aurait pas tenue jusque-là. Nous mangeons ce que nous trouvons ici, comme eux. Je vois des yeux s'agrandir. Je crois que les jeunes ne se rendent pas bien compte combien de temps ça nous a pris de venir du Kenya, bien que ce soit un pays frontalier.

"Est-ce qu'il y a des Noirs dans votre pays ?" Nous sommes, encore une fois, étonnés par leur question. Nous sommes au 21e siècle, avec internet et la télévision. Ils ont sans doute dû entendre parler d'immigration avant. Mais ce n'est apparemment pas évident pour eux. Je leur explique alors que la France est un pays multiculturel. Nous y trouvons toutes les couleurs de peau, mais ces personnes sont pour la plupart également françaises.

Nous terminons la séance par une photo de groupe avec tous les élèves. C'est une bonne expérience, mais nous avons maintenant besoin de nous reposer. Quelques enfants restent autour de nous, pour "nous soutenir", disent-ils. En Afrique, il n'est pas acceptable d'être seul. Il est important d'être toujours entouré. Nous dînons donc, en compagnie de ces quelques adolescents, à qui nous faisons goûter nos pâtes. Ils sont surpris que nous ayons pu les acheter en Tanzanie. Ils n'en ont jamais vues. Il semblerait qu'ils mangent toujours la même chose : riz ou nshima, avec un peu de viande ou des haricots rouges. Une question d'habitude, car il y a bien des pâtes dans leurs épiceries. Les enfants nous posent une dernière drôle de question : est-ce que nos cheveux sont des vrais ? Nous les laissons toucher, amusés. Puis, ils nous saluent enfin et rentrent dans l'école avec les autres.

    Mbeya. Cette ville représente pour nous la fin de notre voyage en Tanzanie. La fin de dix jours intenses. Cette dernière journée est difficile physiquement. De retour sur le bitume après de nombreux kilomètres sur des chemins de terre, nous avons une montagne à franchir. La vue est fantastique au sommet et la météo parfaite ; un beau soleil avec un grand ciel bleu, et un peu d'air frais pour nous rafraîchir. Nous arrivons au "plus haut point des routes nationales du pays" ; 2961 mètres, nous dit le panneau. Là-haut, nous pouvons voir toute la ville de Mbeya, étendue dans la vallée. Nous allons enfin retrouver de la civilisation et du confort, ce qui signifie une douche et de la nourriture. J'ai hâte ! Fiers d'être au sommet, nous avons encore à descendre, et c'est une autre paire de manche. La route est trop pentue pour moi et mes pauvres freins, donc je vais tout doucement. Je n'ai pas retrouvé toute ma confiance en moi depuis l'accident et j'ai un peu peur de la vitesse.

    Dans la ville, il faut impérativement que nous nous fassions plaisir, donc nous prenons un hôtel. Nous "explosons" notre budget et dépensons dix euros chacun par nuit pour un vrai bon lit, de l'intimité, une douche chaude, une piscine, un buffet pour le petit déjeuner, et une connexion internet illimitée - quelque chose que nous n'avons pas eu depuis des semaines. Ce n'est pas une mauvaise affaire. Mais à ce moment là ça nous fait mal de dépenser la même somme d'argent qu'il nous a fallu pour traverser le pays. Mais ce genre de plaisir est nécessaire pour Martin, pour moi, et pour les liens que nous entretenons tous les deux.

Inattendu mais rassurant, Martin réserve un billet d'avion depuis Windhoek pour l'Allemagne. Un grand soulagement. De nombreuses fois, j'ai cru que mon compagnon allait abandonner le voyage. À chaque fois qu'il est fatigué et agacé, il me menace de rentrer chez lui à la prochaine grande ville, me laissant inquiète. Au bout d'un moment, j'ai fini par comprendre que c'est l'émotion qui parle et qu'il ne le ferait probablement pas. Mais je ne pouvais jamais en être complètement sûre. Ce vol réservé est un gage qu'il ne s'arrêtera pas avant notre dernière destination. Une bonne chose pour moi, qui n'aura pas à finir seule le voyage, et pour lui, qui n'aura pas de regrets. Mes parents vont nous rejoindre un mois en Namibie. Nous laisserons les vélos dans la capitale pour explorer le pays en voiture avec eux. Sans doute une belle façon de terminer ce voyage en Afrique.

15 mai. Notre dernier jour en Tanzanie. Ce matin au petit déjeuner, j'ai discrètement demandé au serveur si je pouvais emporter quelques morceaux d'ananas du buffet. Aujourd'hui, c'est l'anniversaire de Martin. Peu importe le nombre de fois où nous nous sommes disputés, peu importe le nombre de fois où j'ai été en colère après lui, peu importe le nombre de fois où il m'a énervée, je tiens beaucoup à lui et je suis bien décidée à le lui montrer en ce jour particulier. Je sais que je ne suis pas toujours facile à vivre, et les moments difficiles que nous devons surmonter ne nous aident pas. Nous sommes constamment sales, car les opportunités de douche sont rares, nous partageons une toute petite tente et nous manquons souvent de nourriture. Je me demande comment on s'entendrait si nous nous étions rencontrés dans d'autres circonstances. Nous nous sommes demandé plusieurs fois si nous formons un couple. En effet, nous dormons ensemble, nous nous embrassons, nous nous câlinons. Mais qu'est-ce qu'être en couple pendant un tel voyage ?

Nous ne connaissons pas l'autre en dehors de la route, seul le voyage nous réunit. Et nous ne sommes pas toujours très tendres l'un envers l'autre dans cette aventure difficile.

Alors il y a deux semaines à Kigali, j'ai pédalé en cachette jusqu'à une librairie. Je lui ai acheté un livre sur la vie sauvage en Afrique pour ses 29 ans. J'avais commencé à réfléchir à un cadeau déjà bien avant, mais les occasions de faire du shopping sont rares pour nous. Je suis partie de la librairie plutôt contente, mais quand même un peu inquiète. Et si ça l'embête de porter ce livre le restant du voyage ? Ça rajoute forcément du poids. Heureusement, pas plus tard qu'hier, Martin a failli commander des livres sur internet, l'un d'eux étant celui que j'ai choisi pour lui. Je suis maintenant sûre qu'il va l'aimer ! Il a seulement fallu le convaincre de ne pas l'acheter sans lui dévoiler la vraie raison.

Au déjeuner, je lui offre l'ananas du petit déjeuner emballé comme petite surprise. Le soir, il n'en croit pas ses yeux. Je suis fière de pouvoir le surprendre, et surtout de le connaître assez pour choisir quelque chose qu'il aime vraiment. Comme c'est toujours dur pour moi de m'ouvrir et de parler de mes émotions, je saisis cette opportunité pour y pallier. Je veux que Martin sache à quel point je suis contente de voyager avec lui. Je lui ai donc écrit quelques mots doux sur la première page du livre.

"To my dear Sweetie, Zazou, Teddy bear

In memory of our African trip. Crossing the Sahara, surviving 50 degrees, filtering water, getting charged by an elephant, flying from Dakar to Nairobi, cycling up & down and up & down, getting attacked by the tsetse flies, spending a day & a night in a truck, replying to children's questions in a boarding school... the memories with you are endless, but good or bad they would not have been half the fun without you. Happy birthday Sweetie.

With love"

Nous entrons au Malawi par la Tanzanie, et échangeons notre argent au marché noir, comme d'habitude. Et comme à chaque fois, il faut être très attentif à ne pas se faire arnaquer. Il faut recompter l'argent soi-même. Cette fois-ci, un monsieur insiste pour que nous changions l'argent avec lui. Il a l'air vraiment désespéré. Nous discutons avec lui du taux de change. Très vite, de nombreux autres hommes se joignent à nous pour essayer de nous distraire. Nous comptons tant bien que mal ce que l'homme nous donne en échange de notre argent. Après une minute de confusion, nous constatons que l'homme a essayé de nous arnaquer, en nous donnant dix fois moins. Sans être complètement attentifs, nous ne nous n'en serions pas rendu compte. Le calcul est compliqué avec tous les zéros. Martin demande fermement à récupérer la somme attendue. Peu à l'aise lors de ces échanges d'argent, je reste un peu en retrait. L'homme fait partir les gens autour de nous, et nous donne notre argent. Nous nous remettons donc à tout recalculer. Nous avons besoin de ces espèces, car nous ne savons pas quand nous trouverons un distributeur. Nous comptons nous-même l'argent une dernière fois, juste avant de le mettre dans nos poches. Enfin, nous nous dirigeons vers notre 9ème pays africain.

Nous avons lu des commentaires positifs sur le Malawi. Une route agréable, qui passe parfois à travers les collines, et qui, d'autres fois, longe le lac gigantesque. Une bonne surprise pour beaucoup de cyclistes, dans ce pays se disant être le cœur chaud de l'Afrique. Alors bien que le visa soit, depuis quelques années, assez cher (75 USD[16]) nous avons quand même choisi d'y aller, au lieu de passer directement en Zambie ou au Mozambique. Mais dès notre premier jour dans le pays, nous nous demandons si nous avons fait le bon choix. Les gens ne nous paraissent pas agréables et s'adressent à nous uniquement pour nous demander de l'argent. Même le monsieur qui transporte un gros sac de riz de 90 kg sur son vélo et qui pédale à nos côtés fini par mendier avec insistance. Dommage, il était plutôt sympathique et la conversation était plaisante. Nous le quittons, déçus et un peu inquiets quant à la suite de notre voyage au Malawi.

Après une nuit dans la nature, à camper près du lac, où il y a ni hippopotame ni crocodile, nous arrivons à Hakuna Matata. Ce joli camping a été recommandé sur plusieurs blogs de voyageurs. Pour être précise, j'y arrive, et non pas nous, car je suis seule. Après une énième dispute, aussi bête que les autres, Martin et moi avons fait route à part. J'ai donc redécouvert pendant quelques heures le sentiment de liberté qu'être seule procure. Pas besoin d'attendre qui que ce soit. Pas besoin de penser à l'autre, de savoir s'il a envie de s'arrêter ou de s'il veut continuer. Pas besoin de justifier chaque geste. Ça me rappelle mon voyage en Europe où je pouvais m'arrêter où, quand, et le temps que je voulais. J'en avais presque oublié la sensation, et combien elle est agréable. Être pleinement maître de son rythme. Pédaler seule a ses avantages, mais aussi ses inconvénients, il ne faut pas l'oublier. Et après un petit moment, Martin a déjà commencé à me manquer. Heureusement, nous avions déjà décidé de dormir à Hakuna Matata plus tôt dans la journée donc je me suis naturellement arrêtée là. Arrivée au camping, je demande

---

[16] Prix pour les nationalités allemandes et françaises en 2018

immédiatement à l'agent de sécurité si un jeune homme à vélo est ici. Il me demande s'il a une barbe. Je réponds par l'affirmative, soulagée de savoir qu'il est là.

Malheureusement, je suis très déçue de découvrir ledit cycliste barbu, car ce n'est pas Martin. Nous n'avons pas rencontré de cyclistes depuis un moment, donc je suis très surprise de croiser un autre couple qui voyage à vélo. Malgré ma déception, je discute avec eux. Ils ont pédalé depuis l'Afrique du Sud, donc je suis ravie de pouvoir écouter leurs expériences et leurs conseils. Mais je m'inquiète pour mon cycliste. Pourquoi n'est-il pas là, alors qu'il était devant moi ? Est-ce qu'il a continué sans moi ? S'est-il arrêté à un autre camping ? A-t-il eu un problème ? Un accident ? Un problème avec son vélo ? Beaucoup de possibilités, beaucoup de doutes. Bien que je sois encore un peu énervée contre lui, je suis si heureuse de voir Martin arriver au camping ! Le voilà. Mon homme barbu avec son vélo. Je veux lui sauter dessus, le prendre dans mes bras, le couvrir de bisous. À la place, je reste la fille froide que j'ai l'habitude d'être et l'accueille avec un sourire timide.

Nous avons l'impression d'être en vacances ici. C'est un petit camping simple, très propice à la détente, au bord du lac. Seuls trois autres couples campent ici ce soir. Le propriétaire, un sud-africain plutôt âgé, se joint également à nous pour le dîner. Nous passons un moment très convivial. L'endroit est entouré par les montagnes. Nous décidons avec Martin de rester une deuxième nuit pour aller profiter de la vue au sommet le lendemain.

Le jour suivant nous montons donc au sommet de la montagne. Là-bas, nous découvrons un endroit merveilleux et savourons un délicieux petit déjeuner. Du muesli croustillant, des noix, des fruits et du yaourt. Puis nous continuons à marcher sur le plateau qui offre une vue à couper le souffle sur le lac et la côte. Nous explorons une cascade, nous nous baladons autour du village et apprécions la tranquillité de la nature. Parfois, je passe de si bons moments avec Martin que je me demande comment nous pouvons nous disputer autant à d'autres moments. Nous avons beaucoup en commun. Nous aimons tous les deux la nature, les randonnées, les activités extérieures. Surtout, nous partageons les mêmes valeurs, les mêmes principes. C'est un jeune homme très intéressant et il a beaucoup de connaissances sur des sujets variés.

Mzuzu est une grande ville, au milieu du pays, éloignée du lac. Nous avons laissé la route de la côte pour venir nous ravitailler dans les hauteurs. Bien que nous ne soyons généralement pas friands des grandes villes, nous sommes très excités d'arriver à un supermarché. À ce moment-là, je suis si contente de redécouvrir les joies d'un tel endroit et tout ce qu'il a à offrir. Nous n'avons pas vu de supermarché depuis Nairobi ! Je suis impressionnée par toute la variété de nourriture qui est proposée ici, pour un prix très raisonnable. Les petites épiceries locales ont toujours les mêmes produits, la variété nous manque. À la sortie du supermarché, nous réalisons que nous nous sommes un peu laissés emporter par l'excitation. Nous avons beaucoup trop. Comment vais-je ranger tout ça ? Je pousse la nourriture au fond de mes sacoches, attache le pain sur mon sac à dos, et mets quelques fruits dans mon panier à l'avant. Je n'aurais jamais pensé qu'un jour la nourriture puisse me rendre aussi heureuse. Nous pédalons les cinquante kilomètres qui nous restent jusqu'à Nkhata Bay avec des vélos bien trop chargés.

Nkhata Bay est un des spots les plus touristiques du pays. Mais le tourisme en Afrique n'a rien à voir avec l'Asie du Sud-Est par exemple.

Touristique signifie qu'il y a quelques campings et lodges, avec parfois des activités proposées. Ici, le reste du village est encore authentique et peu affecté par le tourisme. La seule chose surprenante au Malawi c'est que la mendicité qui règne dans le pays n'existe pas dans les endroits touristiques. Quelque chose d'agréable pour nous cyclistes qui y sommes exposés toute la journée.

Le camping que nous avons choisi est construit dans les roches. Il nous faut sans cesse monter et descendre des marches ; de la salle de bain à la pièce commune, de notre tente au lac, du camping à la route. Mais la vue sur l'eau claire et calme est magnifique. Nous profitons des activités gratuites proposées par le camping : snorkelling, canoë, stand-up paddle. Pour ne pas dépenser tout notre budget, nous marchons tous les jours jusqu'au village pour manger local. Le restaurant du camping est bien sympathique, mais dix fois plus cher. Nous faisons peut-être trop attention à notre argent, mais en même temps c'est grâce à ces précautions que nous avons tous les deux pu partir en Afrique.

Les jours de vélo qui suivent sont une course vers la capitale. Nous avons hâte d'y arriver car nous ne serons alors plus qu'à un jour de la Zambie. Les jours sont longs ici à entendre à longueur de journée "Mzungu donne-moi de l'argent". Nous essayons d'ignorer ces demandes insistantes, parfois agressives, mais elles nous affectent malgré tout. Même avec de la musique je les entends et ça me blesse chaque fois que quelqu'un mendie. À cause de ça, nous sommes réticents à interagir avec qui que ce soit. Nous essayons toujours de trouver un endroit caché pour s'arrêter ou pour dormir, bien que ce ne soit pas facile. Même quand nous avons passé la nuit dans une école, il y a quelques jours, nous n'avons ni joué ni parlé avec les enfants. Ce manque d'interaction avec les habitants me fend le cœur, car les rencontres sont essentielles pour moi lorsque je voyage.

Nous arrivons à Lilongwe, où nous sommes hébergés par des amis de notre hôte à Kigali, après plus de 700 km dans le pays. Manu est français. Il a la trentaine, des cheveux courts et une petite barbe. Lorsque nous arrivons chez lui, il nous offre immédiatement une bière. Une manière agréable d'être accueillis et de fêter notre arrivée. Sa femme Mathilda, une malawi, a un beau et large sourire. Ils nous mettent à l'aise dans leur jolie maison, entourée d'un superbe jardin où de nombreux fruits et légumes poussent. Nous restons ici quelques jours et en apprenons enfin plus sur le pays grâce à Manu qui travaille pour une ONG au Malawi depuis quelques années. Ce qu'il nous dit explique un peu le comportement des habitants.

"Le Malawi est un pays très dépendant de l'aide internationale, car il n'a pas beaucoup de ressources naturelles. Malheureusement cela a créé un esprit d'assistanat dans le pays. Même quand les politiciens vont dans les villages, ils donnent de l'argent aux habitants pour être élus et maintiennent cette situation de dépendance. Heureusement, le pays n'a pas de problème ethnique et les gens sont plutôt ouverts et tolérants envers les autres tribus et envers les étrangers."

Nous avons constaté une grosse différence entre les villes et les villages. Les habitants des campagnes sont plutôt pauvres, alors que la capitale regorge de lieux de consommation, comme des centres commerciaux, des supermarchés, des boutiques de vêtements. Le contraste en ville est un choc pour nous qui avons pédalé à travers ce pays assez pauvre. Les prix sont bien plus élevés à Lilongwe. Nous avons même laissé tomber l'idée de manger une pizza. 6000 Kwacha[17] nous a semblé

---

[17] Environ 7 euros

exorbitant pour le niveau de vie du pays. À côté, les villageois brûlent les hautes herbes des campagnes pour attraper des souris. Ils les grillent, les mettent sur un bâton et les vendent sur le bord de la route pour gagner un peu d'argent.

    Nous profitons de quelques jours de confort avec Manu, Mathilda et leurs enfants, ravis de terminer ainsi notre traversée du Malawi.

CHAPITRE 6

En Zambie après un an de voyage

"Bienvenue en Zambie". Le panneau met un point final à notre séjour au Malawi. La Zambie symbolise pour nous un nouveau pays, un nouveau départ. La route commence bien. Elle est très peu fréquentée, et une petite voie sur le côté permet d'être quelque peu en sécurité. Nous doublons fréquemment des cyclistes zambiens, et c'est toujours agréable de voir d'autres vélos.

Chipata est la première ville que nous rencontrons, seulement 20 km après la frontière. Je suis impressionnée par la route : il y a un trottoir pour les piétons, une voie pour les cyclistes et une voie pour les voitures. Je ne me souviens pas de la dernière fois où j'ai vu ça. C'est si bien organisé ! Nous pédalons dans la ville et sommes heureux de découvrir des commerces. Nous n'allons pas mourir de faim, c'est sûr. Je vais manger une assiette de nshima avec des légumes dans un restaurant local, pendant que Martin va s'acheter des lasagnes au supermarché, qui propose différents plats préparés chauds. Assises seule à une table dehors, j'observe ce qui se passe dans la rue. C'est très divertissant. Le trafic ne s'arrête jamais, des véhicules klaxonnent toutes les minutes, des gens se parlent de partout, crient. C'est vivant. La seule chose qui me gêne ce sont certains hommes qui boivent leur bouteille d'alcool pur. Il n'est que midi, ils sont déjà complètement ivres, et leur bouteille est encore à moitié pleine.

Après le déjeuner, Francis, notre hôte Couchsurfing, vient nous chercher dans le centre pour nous amener chez lui. La communication a été difficile entre nous depuis que nous avons passé la frontière car nous n'avons plus de réseau depuis que nous sommes en Zambie. Nous avons essayé d'acheter une carte SIM dans la ville, mais après trois tentatives et plus d'une demi-heure de perdue, nous avons laissé tomber. Après un moment où nous pensions ne jamais le voir, un grand monsieur un peu fort, avec un visage chaleureux, s'avance vers nous. Francis. Martin. Tiphaine. Les présentations sont faites.

La maison de notre hôte est spacieuse, propre, et comporte tout le nécessaire ; une table avec des chaises, une cuisine avec des plaques, un évier, un frigidaire, un salon avec des canapés et un ordinateur. Il y trois petites chambres, avec un lit dans chacune d'elles. Il est rare de voir autant de meubles dans une seule et même maison en Afrique. Francis habite ici avec sa femme et sa fille, que nous saluons à notre arrivée.

"Donne-moi ça ou je te fouette !" Nous connaissons Nada, la fille de nos hôtes, depuis quelques heures mais nous avons eu besoin de seulement quelques minutes pour nous rendre compte que c'est une fille très spéciale. Quel genre d'enfant de cinq ans ose dire ces mots à un adulte ? Nous sommes un peu estomaqués par son attitude très autoritaire. La situation est aussi amusante que consternante. "Allez les gars, lisez !" nous dit-elle après avoir placé un livre dans nos mains. La petite fille est un show à elle toute seule. Elle a grandement besoin d'attention, donc nous jouons avec elle, pour son plus grand bonheur. Elle s'ennuie beaucoup quand il n'y a pas d'invités. Ses parents passent peu de temps avec elle, et Nada n'a ni jouet ni ami avec qui s'amuser.

Notre première nuit avec cette famille est un moment de

découvertes intéressant. Francis nous inspire beaucoup. Il nous parle de l'entreprise sociale qu'il a monté, dans le but d'autonomiser les femmes ancrées dans la pauvreté. Nous lisons quelques passages des livres de Muhammad Yunus qu'il possède et qu'il nous recommande. C'est très inspirant. Cela me fait prendre conscience que je ne connais rien à la pauvreté, bien que nous la côtoyons quotidiennement. Francis en parle avec le cœur. Quand il était plus jeune, il vivait avec sa mère de façon très modeste. À présent, sa situation est stable et confortable, mais il a été très touché par la pauvreté dont il a souffert en étant plus jeune. Sa façon de vouloir l'éradiquer par l'autonomisation et non par la charité est très respectable, et je rejoins sa façon de penser.

 Le jour suivant, nous laissons quelques affaires dans leur maison et faisons du stop pour rejoindre South Luangwa, un parc national réputé, que nous avons envie de visiter, bien que ce soit un détour de 100 km. Nous prenons chacun un sac à dos pour les deux prochaines nuits et marchons sur le bord de la route, un peu à l'extérieur de la ville, jusqu'à trouver un endroit à l'ombre. Faire du stop va peut-être nous prendre du temps et il fait déjà chaud. Martin va s'asseoir, donc je me lance et lève mon pouce. Dix minutes plus tard, une Toyota Hilux blanche, toute neuve, s'arrête. Je cours vers elle, tout en me demandant si elle s'est vraiment arrêtée pour nous. L'homme sur le siège passager me confirme qu'ils vont bien à South Luangwa. Nous pouvons monter ! J'appelle Martin et nous sautons dans la voiture. Nous sommes confortablement assis quand la voiture démarre. Nous entamons la conversation avec les deux hommes à l'avant, un businessman et son chauffeur.

 - À quel camping allez-vous ?, le businessman nous demande au bout d'une heure, avec son accent indien.

 - Oh peu importe, laissez-nous où ça vous arrange et on se

débrouillera, je réponds, car je ne veux pas abuser de sa générosité.

- Non non, s'il vous plaît, dites-nous, nous allons vous y conduire. Aucun problème.

L'homme insiste et nous conduit jusqu'au Croc Valley Camp, un camping au bord de la rivière, de l'autre côté du parc national. Je suis bien contente qu'ils nous aient conduits jusqu'au bout. Il est fortement déconseillé de marcher autour du camping. L'endroit est juste à côté du parc, de nombreux animaux sauvages rôdent dans les parages. Il est courant de rencontrer des éléphants ou d'autres animaux, qui peuvent être dangereux. Dans ces hautes herbes, il est difficile de les apercevoir et donc facile de se faire surprendre. Les éléphants sont paisibles tant que l'on n'empiète pas leur zone de confort. Mais ils peuvent devenir très dangereux dans le cas contraire - même si c'est involontaire. Chaque année, des locaux et des touristes se font tuer par des éléphants en colère. Il ne vaut mieux pas jouer avec eux, et nous l'avons bien compris.

Croc Valley Camp est un vrai petit paradis, avec une belle pelouse, de grands arbres et une piscine, le tout donnant sur une rivière pleine d'hippopotames. Certains paressent au soleil, d'autres se rafraîchissent dans l'eau. Nous pouvons les observer de là où nous sommes, en sécurité. Il y a aussi un crocodile. Puis un autre, allongé sur le sable, totalement immobile, que nous n'avions pas vu. Le restaurant extérieur et les canapés sont face à toute cette vie sauvage, donc nous pouvons nous détendre avec cette vue fantastique. Et demain c'est mon anniversaire, quel endroit merveilleux pour fêter mes 24 ans !

Après une brève découverte de l'endroit, nous allons rapidement mettre notre nourriture en sécurité. Tous les voyageurs ont pour consigne de poser leurs denrées alimentaires dans le casier d'une cuisine grillagée, pour éviter d'attirer les éléphants gourmands qui passeraient par là. Un panneau nous met en garde : "qu'importe les moustiques, attention aux éléphants". Nous sommes prévenus ! Et c'est vers 14 heures, quelques heures après notre arrivée, que Martin revient vers moi en courant, son visage plein d'excitation. "Tu veux voir des éléphants ? Viens, viens !", me dit-il d'un ton pressé et plein d'enthousiasme. Nous courons. Les voilà. Trois éléphants passent à quelques mètres d'un petit chalet, aucune clôture ne nous sépare d'eux. Je reste un peu en retrait car je ne veux pas les déranger. Martin, rarement effrayé, se rapproche un peu. Le moment est bref, car les animaux ne font que traverser. Mais le moment n'en est pas moins intense et magique. Voir des animaux sauvages aussi gros, sans aucun autre touriste autour, hors du parc national, et de si près, est vraiment incroyable. Mon cœur bat fort, surexcité. Chaque fois que je vis un tel moment, je me dis toujours que si je mourais maintenant ce ne serait pas si grave. J'aurais déjà bien vécu !

Mais ce n'est pas la fin de nos surprises. Au beau milieu de la nuit, Martin me réveille et me demande si je veux voir un hippopotame qui mange de l'herbe, juste à côté. Est-ce une blague ? Ou un rêve ? Encore à moitié endormie, j'enfile un pull car la nuit est fraîche et sors de la tente, en espérant ne pas avoir été réveillée pour rien. Je suis Martin, et aperçois déjà une grosse ombre sombre. Il est là. À quelques mètres de notre tente, un hippopotame festoie. Sa bouche gigantesque semble inadaptée pour manger de l'herbe, mais il a l'air de bien se régaler. Nous observons son comportement, intrigués. Nous avons déjà vu des hippopotames à plusieurs reprises, mais jamais aussi près de nous et surtout hors de l'eau. Nous restons là un moment à le fixer, émerveillés par la scène.

2 juin 2018. Aujourd'hui n'est pas seulement le jour de mon anniversaire, c'est aussi celui de mes un an sur la route. Et ça, ce n'est pas

quelque chose que je vais fêter tous les ans ! Au total, 18 000 km au compteur depuis mon départ. C'est incroyable, inattendu, irréel. Jamais je n'aurais pensé accomplir un tel exploit. J'ai du mal à le réaliser. Même avec une voiture, j'aurais tendance à penser que c'est fou de parcourir tant de kilomètres. Cela mérite bien une bière, une part de cheese-cake et une bougie. Je suis heureuse de partager un tel événement avec Martin, qui a rendu le voyage en Afrique possible, et agréable. Je suis si chanceuse d'avoir quelqu'un comme lui, avec qui je peux partager tous ces moments hors du commun.

Après ce merveilleux dîner d'anniversaire, nous allons nous balader autour du camping, en espérant voir à nouveau des animaux. Nous croisons l'agent de sécurité, qui accepte de partager avec nous son expérience. Je lui demande ce qu'il doit faire si les éléphants s'approchent trop près du camping. Sa réponse est surprenante.

- Rien, je m'assure juste que personne n'est sur leur passage pour ne pas qu'ils se fassent attaquer. Les éléphants sont gros vous savez, je ne peux rien faire.

- Donc vous n'avez rien pour vous protéger vous ou pour protéger les autres, comme une arme par exemple ?

- Ah si ! J'ai ce lance-pierre, répond-il, en nous montrant ce petit objet ridicule qui ne blesserait ni n'impressionnerait aucun animal.

- Et que faites-vous s'il y a un lion ou un léopard ?

- Ils ne sont pas vraiment un problème. Ils sont gentils et n'attaquent pas. La semaine dernière, un lion chassait une proie devant moi, donc je savais qu'il ne m'arriverait rien. Un lion choisira toujours une antilope plutôt qu'un être humain. Ces animaux sont timides. Ceux dont j'ai peur ce sont les éléphants, ils sont si gros !

Nous rigolons. Nous avons plutôt tendance à penser que les

carnivores sont les plus effrayants, mais c'est de Dumbo le mignon qu'il faut avoir peur. C'est très intéressant d'en apprendre plus sur les animaux de la savane grâce à cet homme. Il souhaite devenir guide et partage avec plaisir ses précieuses connaissances. Comblés par ces deux jours et deux nuits au camping, Martin et moi décidons de ne pas payer pour un safari dans le parc. Pour le prix que ça coûte nous avons peur d'être déçus, donc nous n'avons pas envie de le risquer. Ce que nous avons vu était si incroyable, comment cela pourrait-il être mieux ? Nous repartons donc le matin suivant.

Nous sautons dans un taxi non-officiel. Nous sommes au moins une dizaine, assis à l'arrière du pick-up, sans ceinture, à lutter contre le vent créé par le véhicule lancé à toute vitesse. Ce n'est pas l'option la plus sûre, mais nous sommes dimanche et peu de véhicules circulent en ce jour sacré. Ce n'est également pas l'option la plus rapide. Le pick-up s'arrête à chaque village pour déposer ou prendre quelqu'un. D'autres fois, nous nous arrêtons pour que quelqu'un puisse acheter quelque chose, recharger sa carte de téléphone, ou autre. À un moment, le pick-up quitte la route principale et prend des petites routes à travers un village. Là, nous nous arrêtons, par chance à l'ombre, et attendons longuement que trois hommes rangent toutes leurs affaires, exposées devant nous. Chaussures, sacs, ceintures, appareils électroniques, lunettes... ils sont en train de déplacer un marché ambulant ! Il y a donc des centaines d'articles à empaqueter dans des grands sacs. Je regarde Martin, et nous échangeons un sourire. Pourquoi n'ont-ils pas commencé à ranger avant ? Tous les gens assis dans le pick-up sont incroyablement détendus. Personne ne soupire, ne se plaint ou ne bouge. Au contraire, ils bavardent entre eux et n'ont pas l'air pressés de repartir. Je les observe, impressionnée par leur réaction. Il nous faut donc un certain temps, mais nous arrivons enfin à Chipata dans l'après-midi.

Après deux jours à South Luangwa puis deux jours de repos à Chipata, c'est l'heure pour nous de reprendre les vélos direction la capitale, à 600 km d'ici. La partie que nous allons traverser maintenant est très peu habitée, donc nous avons fait des réserves au supermarché. Le prochain se trouve à six jours de vélo. Pour économiser nos réserves de pâtes et de conserves, nous mangerons dans un restaurant local à chaque fois que nous en aurons l'opportunité.

Lors de notre deuxième journée sur la route vers Lusaka, nous arrivons pile à l'heure du déjeuner dans un village. Il y a même une pizzeria, un des péchés mignons de Martin. Comme ce n'est pas le moins cher qu'il soit, je traverse la rue pour manger un repas local bon marché, et laisse profiter mon gourmand de son petit plaisir. Quand je reviens, je peux lire sur son visage que quelque chose ne va pas. Il a l'air dévasté. Deux mots me suffisent à comprendre ; coupure de courant. Sans électricité, le type du restaurant n'a pas pu cuisiner. Martin n'a donc pas eu de pizza. Je peux voir à quel point il est déçu, et je suis bien désolée pour lui, mais ne peux rien y faire. Nous commençons doucement à quitter l'endroit, quand le cuisinier nous rappelle. L'électricité est de retour. Martin hésite, nous avons déjà perdu une heure. J'arrive tant bien que mal à le convaincre de rester. Nous ne sommes attendus nulle part, donc nous ne sommes pas pressés. Ne pas avoir d'impératif de temps est une liberté dont nous devons profiter au maximum. Mon cycliste aurait regretté cette pizza tout le voyage s'il ne l'avait pas mangée.

Vendredi 8 juin. Plus que deux jours avant d'arriver à la capitale, et comme c'est assez pénible, nous avons hâte d'arriver. La route est toujours la même, il est difficile de trouver de l'eau, et il y a de nombreuses montées, parfois très pentues. Il y a aussi beaucoup de vent. Heureusement, la route bitumée est en bonne condition, donc nous arrivons à parcourir une centaine de kilomètres par jour. C'est particulièrement difficile pour moi car Martin est toujours devant. Malgré mes efforts, je n'arrive pas à suivre le rythme. Finalement, je me décide à regonfler mes pneus comme Martin me l'avait suggéré plusieurs fois. Quelle différence ! Je pédale maintenant à ses côtés sans difficulté. Je ferais mieux d'être un peu moins têtue la prochaine fois...

Les jours passent et les nuits sont de plus en plus froides. Ce matin en nous levant, nos sacs sont couverts d'une fine couche de gel. Nous commençons la journée par une longue descente. Mes yeux pleurent de froid, et mes mains souffrent. Il ne doit pas faire loin de zéro degré. Ce n'est pas extrêmement froid mais c'est surtout la différence de température entre le jour et la nuit qui est impressionnante. Nous sommes donc contents de ne plus être loin de Lusaka. Nous avons besoin de retrouver un minimum de confort.

Là-bas, nous sommes hébergés par Loïc, un français qui travaille pour l'ambassade. Nous avons eu ses coordonnées par Lise, une amie de la famille, qui nous aide et nous soutient depuis le début de notre voyage en Afrique. Elle est adorable, nous l'avons surnommée notre agent de voyage favorite. Elle rend notre aventure sur le continent bien plus facile, et surtout bien plus confortable. Loïc habite avec sa femme et leurs deux petites filles dans une grande maison avec quatre chambres et un salon meublé avec style, qui appartient au gouvernement. Un jardinier s'occupe de l'immense jardin, et une femme de maison s'occupe des enfants, du ménage et de la cuisine. Notre hôte est un homme très décontracté. Il nous dit d'emblée que nous pouvons rester ici autant que nous le voulons.

Nous resterons a priori une semaine. Nous présentons notre voyage à l'École Française de Lusaka dans quelques jours. Nous avons été invités grâce à Loïc, qui a parlé de notre voyage aux professeurs de cette école, où ses filles sont scolarisées. Nous passons deux jours à préparer notre présentation. Nous voulons faire les choses bien. Nous présenterons le voyage par thèmes grâce à un diaporama avec des photos. C'est très intéressant de prendre du recul sur ce que nous avons vécu jusqu'à maintenant, de regarder nos photos depuis le début, et de tirer quelque chose de ce voyage pour, peut-être, en inspirer d'autres.

Nous présentons d'abord notre voyage aux élèves de primaire, environ trente enfants. Je suis un peu stressée les premières minutes car je n'ai pas l'habitude de parler en public. J'ai envie de les intéresser et c'est délicat de savoir ce qu'ils aiment à leur âge. Mais grâce à leur enthousiasme et leurs drôles de questions, je suis maintenant à l'aise. L'ambiance de cette petite école est très détendue. Avant de commencer la présentation, tous les enfants étaient très excités, criaient nos noms, nous faisaient des signes et venaient nous saluer.

Viens maintenant l'heure de répondre à leurs questions, chaque classe séparément. Un petit garçon de six ans nous demande si Martin et moi sommes mariés. Sourires. Je lui réponds que nous voyageons juste ensemble, pas besoin d'être mariés pour ça. Il insiste. "Mais est-ce que vous êtes amoureux ?" La maîtresse rit, puis lui demande d'arrêter ses questions indiscrètes hors sujet. Mais pendant un court instant, mon esprit divague. Sommes-nous amoureux ? Bonne question. Nous agissons comme un couple, mais nous nous disputons si souvent. Est-ce normal ? Est-ce que les couples qui voyagent ensemble expérimentent ça aussi ? Je suis ramenée à la réalité par une petite fille qui demande si nous avons vu des dinosaures. Les enfants ont plein de questions à nous poser. Ça me brise le cœur de lui répondre que les dinosaures n'existent plus. J'avais oublié comme on est naïf à leur âge.

- Est-ce que vous allez dormir dans notre école ?

- Non, nous sommes hébergés autre part. Mais nous avons dormi dans des écoles avant oui.

- Est-ce que vous voulez venir dormir chez moi ?

La proposition est touchante, mais nous déclinons. Beaucoup d'enfants ont leur main levée, et attendent patiemment leur tour de parole. Je suis ravie qu'il y ait tant de questions. Au bout d'un moment, nous devons quitter ce groupe d'enfants pour présenter notre voyage aux maternelles. C'est un défi, car la capacité d'attention est très courte à leur âge. Ils gigotent, parlent en même temps, et veulent tous raconter leurs histoires personnelles au lieu de poser des questions. Ils sont tout de même très intéressés. Nous les prenons groupe par groupe pour leur montrer le vélo et notre équipement. Ils sont fascinés.

À la fin de l'intervention, la maîtresse prend dans sa main une peluche, qui est la mascotte de la classe. Coco passe chaque week-end avec un enfant de la classe. Un livre est rempli de photos de lui et des activités que les enfants ont faites avec. La classe nous offre Coco, pour que nous l'emmenions en voyage avec nous. Chaque enfant lui donne un dernier bisou en guise d'au revoir, puis je le mets dans mon sac, très touchée par l'idée. Je suis ravie de faire voyager un peu la classe à travers lui, et j'ai hâte de leur envoyer des photos.

Au moment de la pause, une professeure vient nous voir pour savoir comment nous allons. Elle nous dit que les enfants ne parlent que de nous depuis une semaine. "Ils ont rêvé de vous, ils sont si contents que vous soyez là." Je me suis rarement sentie aussi voulue ! Et ça fait du bien. Quand vient l'heure de retourner en classe, j'entends une petite fille dire à son amie qu'un jour elle aussi elle serait cycliste. Elle le dit suffisamment fort pour que je puisse l'entendre, et le dit avec tant d'enthousiasme que je suis comblée de bonheur. Un sourire jusqu'aux oreilles illumine mon visage. Même mon cœur serait en train de sourire s'il le pouvait.

Notre dernière présentation a lieu devant une quinzaine d'adolescents. C'est très calme. Ils ne montrent aucune émotion, aucune excitation, aucun feedback. Je ne sais pas s'ils sont intéressés par ce que nous disons, ce qui est très perturbant. Ce n'est pas très motivant, mais nous essayons de garder notre enthousiasme. Lorsque nous terminons notre présentation, personne ne se précipite pour nous poser des questions. Heureusement, une adolescente est motivée et lance le mouvement. Les questions sont un peu différentes de celles des plus jeunes. À leur âge, les préoccupations ne sont pas les mêmes ; comment avons-nous fait avec notre travail, allons-nous en retrouver un après le voyage, qu'est-ce que ça fait de voyager à travers le monde, etc.

Nous finissons notre journée comblés et reconnaissants. Une expérience merveilleuse. Le lendemain je reviens à l'école récupérer le vélo de Martin que nous avions laissé. Je m'apprête à partir quand j'entends "oh vous avez dormi ici !"C'est le même garçon que la veille. Il ne veut pas lâcher l'affaire.

- Non, je n'ai pas dormi là, je suis juste venue récupérer le vélo.
- Où est Martin ?
- Il dort encore.
- Ici à l'école ?

Les enfants sont tellement drôles. Non, nous n'avons pas dormi ici. À la place, nous étions dans un bon lit double bien moelleux, dans une chambre rien que pour nous. Je traverse l'école le vélo à la main, lorsque le père d'une des élèves me demande si je suis l'une des cyclistes. "Ma fille nous a beaucoup parlé de vous et de votre voyage. Elle était très excitée hier, elle a parlé de vous pendant tout le dîner. C'est génial ce que vous faites ! Félicitations." Il me serre la main et me souhaite un bon voyage, en me laissant pleine de joie et de fierté.

Après une semaine dans le luxe, c'est le moment de quitter Lusaka. Les soixante premiers kilomètres en direction de Livingstone se passent bien car la route est large. Maintenant qu'elle est plus étroite et en très mauvaise condition, avec beaucoup de camions, c'est une autre histoire. Nous devons pédaler jusque tard dans la soirée car le bord de la route est constamment grillagé. Nous ne pouvons nous arrêter nulle part pour camper. Lorsque nous voyons un portail entrouvert qui mène à une propriété privée, nous n'avons d'autre choix que de pénétrer dans les lieux. Il se fait tard et ce n'est pas prudent de pédaler sur une route fréquentée comme celle-ci à la nuit tombée.

Nous entamons notre journée suivante en redoutant que ce soit aussi désagréable ; route mauvaise, ennuyante, et très fréquentée, surtout par les camions, qui n'ont pas le temps de ralentir pour de simples cyclistes. Martin a passé une très mauvaise nuit. Je suis déçue, quand nous arrivons au supermarché au bout de 20 km, qu'il ne soit pas aussi excité que d'habitude. Lorsque nous en repartons, il n'est que neuf heures du matin, et nous sommes bien conscients que la journée va être longue et difficile. Cela me rappelle le Kenya, où le trafic ne s'arrêtait jamais. Non seulement le bruit constant était fatigant, mais c'était aussi dangereux lorsque la route devenait trop étroite et les conducteurs trop impatients.

Mais parfois dans la vie il faut être un peu chanceux. Et

aujourd'hui notre coup de chance s'appelle Jan. Sur le bord de la route avec son pick-up vide, cet homme n'a pas hésité une seconde à nous proposer de nous amener à Choma, à 160 km de là. Nous n'avons pas réfléchi longtemps. J'avais pensé à faire du stop la veille, mais après avoir vu un camion accidenté sur le bord de la route, je me suis dit que ce ne serait pas forcément plus sûr d'être dans l'un de ces véhicules. Nous grimpons dans le pick-up. Jan nous dit que nous sommes les bienvenus pour passer la nuit dans sa ferme. Nous n'avons pas besoin d'en discuter avec Martin, nous acceptons la proposition avec enthousiasme.

Nous arrivons dans une immense ferme avec une belle maison, et partageons un repas merveilleux avec un verre de vin. Nous en apprenons beaucoup sur l'Afrique car notre hôte a vécu sur ce continent toute sa vie (au Zimbabwe, en Afrique du Sud et au Congo), bien qu'il soit originaire d'Europe. Les histoires qu'il nous raconte sur l'Afrique du Sud nous donnent des frissons dans le dos. Beaucoup de gens qu'il connaît ont été attaqués sur leur propriété. Les moins chanceux ont même été tués. La violence qu'il décrit est inquiétante et je suis quelque part contente de ne pas visiter ce pays. Ici dans la ferme de Jan, nous n'avons pas à nous inquiéter - ou peut-être juste des serpents. Une fois, il a trouvé un python d'un mètre cinquante dans sa cuisine. Malgré le danger, il n'a pas voulu le tuer. Avec l'aide d'autres hommes, ils l'ont emmené hors de la ferme. Une semaine plus tard, le python était de retour. C'est ainsi qu'il a appris que ces serpents peuvent retrouver leur chemin jusqu'à 40 km de chez eux. Donc Jan a à nouveau reconduit le python, assez loin cette fois, et je suis contente de savoir qu'il ne traîne plus par ici. Nous pouvons aller nous coucher en sécurité. Je m'allonge dans le lit, un grand sourire sur mon visage. Nous ne sommes plus qu'à deux jours de vélo de Livingstone. Quel soulagement. Quelle belle journée inattendue.

La frontière entre la Zambie et le Zimbabwe est la plus exceptionnelle que nous ayons traversée. Un pont avec une vue incroyable sur les chutes Victoria sépare les deux pays. Les chutes Victoria sont parmi les plus grandes au monde : 1700 mètres de largeur et de 80 à 108 mètres de hauteur. Leur nom local, Mosi-oa-Tunya, signifie la fumée qui gronde. Nous les visitons par une belle journée ensoleillée, mais nous sommes quand même très mouillés, car le niveau de l'eau est très haut à cette époque de l'année. La quantité d'eau face à nous est en effet impressionnante. L'eau est constamment en train de bouger, avec une grosse partie dans l'air, créant un arc-en-ciel quasi permanent. Un vrai spectacle offert par la nature. Nous croisons au retour un café magnifique donnant sur le canyon. Nous nous asseyons pour nous offrir un délicieux brownie à prix raisonnable. Quel après-midi inoubliable !

Nous sommes au Zimbabwe pour quelques jours seulement. Nous aurions pu éviter le coût du visa[18] en restant en Zambie et en allant directement au Botswana. Mais la visite des chutes de ce côté là jouit d'une meilleure réputation. Ensuite, la route traverse le Zambezi National Park, où nous espérons croiser des animaux. Deux bonnes raisons d'y aller. Plus le fait qu'il est toujours intéressant d'en apprendre plus sur un nouveau pays en s'y rendant physiquement. Grâce à Martin qui s'est informé sur le Zimbabwe, je suis curieuse de le découvrir. Pays avec de nombreuses ressources, le Zimbabwe était au départ un pays africain très prometteur. Aujourd'hui, le pays est dévasté. L'ex-leader, Robert Mugabe, qui est resté au pouvoir pendant trente ans, a ruiné tous les espoirs des habitants lorsqu'il a pris la tête du pays en 1987, quelques années après la création du Zimbabwe. Pendant toutes ces années,

---
[18] 30 USD pour les nationalités allemandes et françaises en 2018

Mugabe a mis en place une dictature en évinçant tout autre parti politique et n'a permis le développement d'aucun secteur essentiel ; santé, justice, agriculture, économie. À cause de l'inflation qu'il a créée en imprimant des billets de banque sans limite, les prix ont maintenant tellement augmentés qu'un morceau de pain est difficilement abordable pour la plupart des habitants. En 2009, le Zimbabwe a même dû abandonner sa monnaie et utilise depuis le Dollar américain et le Rand sud-africain. Mais les zimbabwéens constituent un peuple très positif ; ils ont encore l'espoir d'un avenir meilleur, maintenant que ce dictateur est parti. Nos hôtes, deux frères natifs, ne sont pas une exception. Ils ont une réelle joie de vivre et sont plein d'espoir malgré la situation de leur pays.

Le jour suivant, nous marchons autour de Livingstone. Nous suivons des locaux sur un petit chemin à travers les buissons, près de la route principale. Rapidement, ils font demi-tour et nous recommandent de prendre un autre chemin. Il y a des éléphants. Martin et moi sommes surpris. Ici, juste à côté de la ville ? Des éléphants ? Nous continuons sur le chemin pour les voir de nos propres yeux. En effet, quatre éléphants se régalent paisiblement. Nous restons un peu en retrait à les observer. Un homme s'avance. Il a l'air habitué. Il se rapproche et frappe très fort dans ses mains, face aux animaux gigantesques. Est-il fou ? Je suis inquiète, j'ai peur qu'il se fasse charger. J'en ai fait la mauvaise expérience et je ne la souhaite à personne. Mais l'homme a l'air confiant. Il sait ce qu'il fait. Les éléphants commencent doucement à s'en aller. Quand l'Afrique cessera-t-elle de m'étonner ?

CHAPITRE 7

Dernière ligne droite de Kazungula à Windhoek

La frontière entre la Zambie et le Zimbabwe était l'une des plus belles grâce aux chutes Victoria, mais celle entre le Zimbabwe et le Botswana est pour nous l'une des plus mémorables. Avant d'arriver dans le pays, nous avions déjà entendu parler de sa vie sauvage délirante. Quand, dans la plupart des pays africains, dormir au bord de la route sans se soucier des animaux n'est pas un problème, au Botswana c'est quelque peu différent. La route principale qui longe le parc national de Chobe est surnommée l'autoroute des éléphants. Dès que nous entrons dans le pays, nous sommes accueillis par un de ces animaux. Une voiture ralentit à côté de nous. Le conducteur nous conseille de pédaler à côté de lui ; il y a des éléphants et ils vont nous attaquer. Une autre voiture, qui vient du sens inverse, nous avertit qu'il y en a d'autres un peu plus loin. Cela annonce la couleur !

La route depuis la frontière est bitumée, en bon état, et avec suffisamment de voitures pour ne pas se sentir trop isolés. Des panneaux de signalisation nous rappellent que les éléphants sont partout, même si nous ne les voyons pas tout le temps. La grosse difficulté se présente la nuit, car il est déconseillé de camper dans la nature. Non seulement il y a des éléphants, mais quand le soleil se couche il faut aussi se méfier des carnivores comme les lions et les hyènes. Nous avons repéré les spots potentiels pour passer la nuit en sécurité le long de cette route. Ce soir, nous avons vu sur la carte qu'il y a un village, un peu hors de la route principale, où nous pouvons nous arrêter. C'est un détour trop long, alors nous nous arrêtons près d'une antenne, entre la route et le village. Ces antennes de communication sont mentionnées dans les blogs de voyageurs. Elles sont la plupart du temps grillagées et gardées. Les cyclistes s'y arrêtent souvent au Botswana pour y passer la nuit. Nous tournons autour, quand un militaire vient voir ce que nous voulons. Il est très surpris d'apprendre que nous voulons camper ici. Il n'a jamais rencontré de voyageurs qui traversent son pays à vélo. Il est très impressionné, et ne voit pas d'inconvénient à ce que nous dormions ici. Il va passer la nuit dans une tente militaire avec ses collègues juste derrière l'antenne. Ils sont armés. Nous serons en sécurité face aux éventuels animaux.

L'homme vient nous voir à maintes reprises. D'abord pour savoir comment nous allons, ensuite pour en apprendre plus sur notre voyage, enfin pour nous proposer de la nourriture et de l'eau chaude pour nous doucher. C'est très aimable à lui, mais le moment devient gênant lorsqu'il vient discuter avec Martin pendant que je suis en train de me doucher, nue, et qu'il jette constamment un œil sur moi. J'essaye de ne pas être trop contrariée. Peut-être qu'il n'y a rien de sexuel dans sa façon de m'observer, mais ça me gêne. Malgré cet incident, la nuit se passe bien, et nous pouvons poursuivre notre chemin sur l'autoroute des éléphants.

"Salut ! Vous êtes fous de voyager à vélo, mais super cool ! Que faites-vous là ?" Une touriste vient de s'arrêter à côté de nous, la fenêtre de sa voiture baissée. Elle nous filme avec son Smartphone. Ce n'est pas le bon moment. Nous observons un groupe de six éléphants qui vient de traverser majestueusement la route. Nous pouvons encore les apercevoir dans les buissons et nous profitions de ce moment calme et magique, jusqu'à ce que cette femme vienne nous interrompre. Néanmoins, il est difficile de lui en vouloir. Elle a un grand sourire et elle est très joyeuse. Nous discutons un instant avec la jeune femme, puis nous réalisons que nous allons passer la nuit au même camping. Nous continuerons donc la conversation plus tard. Il nous faut beaucoup de temps pour enfin atteindre l'endroit. Il nous faut pédaler doucement et nous arrêter à chaque fois que des éléphants traversent. Nous n'en avons jamais vu autant qu'aujourd'hui et la prudence est de rigueur. Les animaux surgissent parfois de derrière un arbre et peuvent être difficiles à apercevoir, malgré leur taille. À chaque fois, c'est une rencontre magique avec ces bêtes et un moment irréel.

Elephant Sands est un camping extraordinaire. Le restaurant, l'espace camping et les quelques chalets forment un cercle autour d'un point d'eau. Et, pendant la saison sèche, eau signifie présence d'animaux. Le point se situe seulement à quelques mètres du restaurant, ce qui permet de les observer tout au long de l'après-midi. C'est incroyable de les voir de si près, tout en étant en sécurité. Il n'y a concrètement rien pour nous protéger, mais ces éléphants sont un peu habitués à l'Homme. À l'autre bout du restaurant, une télévision avec quelques allemands autour retransmet le match crucial de la coupe du monde, entre l'Allemagne et la Corée du Sud. Je suis bien contente que mon allemand à moi soit en train d'admirer les éléphants plutôt que du football !

Dans la nuit, sept éléphants se trouvent au même moment autour de l'eau. Il est difficile de quitter l'endroit pour aller se coucher. Au bout d'un moment, le pull et le sac de couchage autour de nous ne suffisent plus face au froid. Nous nous décidons à partir, quand l'un des éléphants s'en va aussi. Au lieu de se diriger vers le bush, l'animal marche doucement à travers le camping, impressionnant tout le monde. Le camping est plein à craquer, mais tout le monde est respectueux envers l'animal. À présent, l'éléphant marche littéralement entre les tentes. À chaque pas qu'il fait je me demande s'il ne va pas marcher par inadvertance sur quelque chose ou sur quelqu'un. N'est-ce pas dangereux ? Quel endroit dingue ! L'éléphant quitte le camping et nous allons enfin nous coucher, fatigués et refroidis, mais conscients de la chance que nous avons d'avoir pu profiter d'un tel spectacle.

30 juin, sur la route entre Nata et Maun. Comme nous pensions que la vie sauvage ne serait plus un problème sur cette partie de la route, nous avons pédalé jusqu'à relativement tard. L'autoroute des éléphants était censée s'achever à Nata. Des villages devraient désormais réapparaître. Aujourd'hui, nous croisons des vaches et des chevaux sur la route. Malgré cela, je suis encore un peu inquiète quant aux animaux. Comment pouvons-nous être sûrs qu'il n'y en a plus ? Rattrapés par le coucher du soleil, j'insiste pour que nous nous arrêtions. Nous prenons un petit chemin sur notre gauche. Il n'y a pas eu d'autres options pour s'éloigner de la route depuis de nombreux kilomètres. Nous sommes encore dans le bush et le coucher du soleil est l'heure de la chasse pour les lions et autres carnivores. Nous poussons nos vélos sur ce petit chemin, et je montre à Martin des traces d'éléphants. Nous montons la tente rapidement, puis mon compagnon fait un feu. Je lui dis que c'est dangereux d'être à l'extérieur à cette heure-ci, mais il est aussi têtu que moi. Je me réfugie dans la tente.

Quelques minutes plus tard, Martin et moi sommes tous les deux allongés dans la tente lorsque nous entendons un bruit d'animal. On dirait le rugissement d'un lion. Nous éteignons immédiatement notre lampe frontale et arrêtons de parler. Nous n'entendons rien de plus que notre respiration saccadée, qui reflète notre peur. Nous ne disons mot, et de nombreuses pensées traversent mon esprit pendant ce moment de panique. Était-ce inconscient de dormir ici dans le bush avec un feu si faible qu'il est déjà éteint ? Beaucoup de gens nous ont mis en garde sur les animaux au Botswana. Nous pensions être plus futés. Tout est différent maintenant. Nous sommes si impuissants dans ce genre de situation. Et aussi très naïfs. Comment avons-nous pu penser que tout irait bien ? Les mauvaises rencontres avec les animaux sont bien réelles, nous sommes bien placés pour le savoir. Nous sommes des humains vulnérables comme tout le monde. Oh non... Je ne veux pas mourir dans l'estomac d'un lion !

Martin bouge son bras et me ramène à la réalité. Nous n'avons entendu aucun bruit depuis un moment. Il n'y a rien près de notre tente. Nous commençons à nous reparler, et relâchons peu à peu toute la tension. Puis, à nouveau, un bruit attire notre attention. Aucun doute ; ce sont des éléphants. Nous reconnaissons le bruit de leur pas, lourd mais lent, et les branches qu'ils cassent pour se nourrir. Néanmoins, nous les entendons à peine par rapport à leur taille, et je me demande toujours comment des créatures aussi grosses peuvent être aussi discrètes. Si seulement l'Homme pouvait prendre exemple.

- Je suis si contente que ce soit des éléphants, dis-je. Ils ont dû chasser le lion, non ? Ou peut-être qu'il n'y a jamais eu de lion... Mais mon cher homme n'écoute pas. À la place, il faut que je me taise. Martin a ouvert la fermeture éclair de la tente pour voir ce qu'il se passe dehors.

- Ils sont trois, et sont occupés à manger.

Hier, regarder les éléphants marcher autour du camping était amusant car il y avait d'autres gens autour. Si un malheur arrive maintenant avec ces animaux sauvages, c'est un désastre. J'espère de tout mon cœur que les bêtes vont voir la tente et ne pas marcher dessus accidentellement. Soudain, Martin me dit qu'ils ne sont qu'à deux ou trois mètres. C'est un peu trop près ça ! Qu'est-ce qu'on fait s'ils se rapprochent encore ? Rester calme ou les effrayer ? Mais nous n'avons aucune chance contre eux. C'est leur territoire, ils sont plus gros, plus forts, plus rapides. Au contraire de Martin, je ne veux pas regarder à l'extérieur. Je crains d'avoir trop peur, et de faire quelque chose d'idiot si je panique. Je ne fais donc rien d'autre que d'attendre. Les minutes sont longues, plus longues que jamais. Martin est silencieux. "Que se passe-t-il au juste ?", j'arrive à lui chuchoter pour connaître l'état de la situation. Les éléphants sont encore en train de manger. Et il est encore en train de les regarder. J'admire sa façon de garder son sang-froid. Mais nous sommes un peu inquiets à propos du feu ; il ne brûle plus donc ça ne va pas les effrayer, mais il doit être encore chaud. S'ils marchent dessus, ils vont se sentir menacés et ils peuvent devenir dangereux.

"Les éléphants s'éloignent !" Les mots de Martin me soulagent instantanément. Nous allons survivre à cette nuit dans le bush, au milieu des animaux sauvages. Il s'en est fallu de peu ! Je m'endors peu de temps après l'événement, épuisée par tout ce stress, et plus heureuse que jamais d'avoir quelqu'un à mes côtés.

Nous ne sommes maintenant plus qu'à trois jours de Maun. Après ça, Windhoek, à 800 km, sera notre dernière étape. Pour finir, nous voyagerons avec mes parents, avant de rentrer chez nous. D'un côté, je suis fatiguée de pédaler, de l'autre, j'appréhende vraiment la fin de ce voyage. Au moins, chaque moment difficile est plus facilement surmontable quand c'est bientôt fini. La route menant à Maun aurait pu être ennuyante, mais nous croisons encore des zèbres, des oryx, des girafes et quelques antilopes, qui nous permettent de rester motivés jusqu'à la fin.

À Maun, je me retrouve avec mon beau blond dans un petit avion panoramique survolant le Delta de l'Okavango - mon cadeau d'anniversaire. Ce delta est le second plus grand du monde, sa particularité est de ne pas se jeter dans la mer. C'est un pur trésor naturel, inscrit au patrimoine mondial de l'Unesco. L'eau coule de partout, et le delta abrite des milliers d'animaux. De l'avion, nous pouvons apercevoir beaucoup d'animaux sauvages, en groupe, dans l'eau, et au milieu de nulle part. Malheureusement, nous ne pouvons pas nous arrêter pour les observer comme à vélo. Mais les animaux sont si reculés dans le delta qu'il serait difficile de les voir autrement que du ciel. Je me sens si privilégiée et si reconnaissante envers mes parents qui m'ont permis de vivre cette expérience. Les images vont rester gravées longtemps dans ma mémoire.

Nous décidons ensuite d'explorer le fameux delta un peu plus et embarquons pour un voyage de deux jours et une nuit en *mokoro*[19] , avant de quitter Maun pour notre dernière ligne droite jusqu'à Windhoek, la capitale de la Namibie. Nous savons que ces huit jours jusqu'à Windhoek vont être longs. La route traverse un environnement désertique et monotone. Nous avons hâte de passer la soirée avec une fille de Warmshowers qui a accepté notre demande d'hébergement. Mais il nous faudra cinq jours de route pour arriver chez elle, et ça semble loin.

Martin et moi quittons l'endroit où nous logions à Maun en direction du centre de la ville. Nous devons faire des courses avant de commencer le voyage sur cette fameuse route. L'eau où nous logions a

---
[19] Un canoë en bois traditionnel

mauvais goût, alors nous achetons un bidon de cinq litres d'eau minérale à partager. Je sors du supermarché un peu après Martin et vois qu'il s'est déjà servi. Il ne reste plus grand chose. Je lui reproche de m'avoir laissé si peu. Ce à quoi il répond qu'il a rempli ses deux bouteilles et que je peux aller en racheter si j'ai besoin de plus.

- C'est tellement impoli ! Tu n'as aucune notion du partage, je réponds, avec la colère qui monte.

- Le supermarché est juste là ! C'est quand même pas compliqué d'en acheter plus.

- Ce n'est pas tant pour l'eau, mais c'est pour le principe, comme je t'ai déjà expliqué. Tu prends ce que tu as besoin sans penser à moi, quel égoïsme.

- C'est bon ! On ira acheter de l'eau pendant qu'on attend notre pizza à Debonairs.

Debonairs est son endroit favori. Cette chaîne de pizzas bon marché est implantée dans toutes les villes depuis la Zambie. Je prends sur moi et le suis. Je vais acheter de l'eau pendant qu'il mange sa pizza. Il ne faut pas perdre de temps. Il est déjà 11 heures. Agacée par la situation, je fais tout le supermarché pour trouver une bouteille d'eau. Mais un des employés m'annonce que toutes les bouteilles ont été vendues. C'est tout ce qu'il me fallait ! Je reviens donc les mains vides, vers sans doute une autre dispute avec mon cher cycliste attablé. Il est énervé car je n'ai pas acheté de deuxième bidon d'eau au premier endroit comme il l'avait suggéré. Je suis énervée car rien de tout cela ne serait arrivé s'il avait pris seulement la moitié du bidon comme prévu.

Nous quittons la ville sur nos vélos sans nous adresser la parole. J'essaye d'oublier la dispute, pédaler me calme. Mais lorsqu'à la pause Martin remet le sujet sur la table, c'est trop pour moi. Nous sommes à nouveau en train de nous disputer et ma colère est à son maximum. J'explose en larmes et laisse tout sortir. Il m'a poussée trop loin cette fois. Je ne contrôle plus ce que je dis ou fais. "Je te déteste ! Je déteste voyager avec toi ! C'est trop dur avec toi, je te déteste !" Je crie avec tellement de haine et de colère que je ne me reconnais même pas. Je suis blessée, et ces mots sont la seule façon que j'ai trouvée pour atténuer ma douleur. Ils sont le pur produit de mes émotions.

J'enfourche mon vélo pour m'éloigner, et pédale aussi vite que je peux, avec des milliers de choses dans la tête. Je ne me souviens pas avoir été autant submergée par mes émotions auparavant. Je roule à toute vitesse. Toute ma colère est dans mes jambes. Je ne vois quasiment rien à cause des larmes, qui coulent à flot. Mes pensées ne s'arrêtent pas, n'ont aucun lien entre elles. Elles viennent et repartent toutes seules, sans beaucoup de sens. J'essaye tant bien que mal de réfléchir à que faire, à comment nous pouvons continuer à voyager ensemble. Je me demande si je reverrai Martin un jour. Je ne sais pas s'il essaye de me rattraper. Si ce n'est pas le cas, je devrai continuer seule, et à ce moment-là j'ai l'impression que c'est la meilleure chose qui puisse être. Je n'aurais jamais été dans cette colère si je ne l'avais jamais rencontré. Si j'étais seule, je me sentirais peut-être triste, isolée, désespérée, démotivée ou autre. Mais je n'aurais jamais eu autant de colère en moi. Et je ne sais pas comment gérer ce sentiment, car ce n'est pas dans ma nature.

Pendant que toutes ces pensées prennent possession de mon esprit, Martin a le temps de me rattraper. "T'es trop rapide", il commence par dire, pour essayer de briser la glace. Je réponds par un bref sourire, pour l'encourager à continuer. J'espère qu'il aura les mots pour me calmer. Il s'excuse d'avoir remis le sujet sur la table et d'avoir envenimé la situation.

- Peut-être que j'ai réagi de façon excessive mais c'est comme si tu me poussais à bout, dis-je avec la colère qui redescend.

- Je crois que c'est parce que j'ai parfois l'impression que tu n'as pas d'émotion. Et c'est bon de voir que tu en as.

Nous continuons à discuter, pour analyser ce qui s'est passé et améliorer les choses. J'aime ça chez Martin. Nous pouvons facilement nous dévoiler et parler de façon ouverte l'un envers l'autre. Nous finissons la journée en pédalant chacun de notre côté, pour que nous puissions nous concentrer sur nous-même.

Nous arrivons chez Emmy le 10 juillet. Emmy est une jeune américaine de notre âge. Elle vit au Botswana depuis un an, et travaille comme professionnelle de la santé publique dans le petit village de Karakubis. Elle habite dans une maison modeste mais joliment décorée par ses soins. Il y a une vraie cuisine, ce qui nous ravit, mais malheureusement pas d'électricité. Nous apprenons à la connaître en cuisinant avec elle. Ici au Botswana elle a l'habitude d'héberger des cyclistes, qu'elle rencontre souvent sur la route. Bien qu'elle réside de façon temporaire au Botswana, Emmy a un vélo et l'utilise quand elle doit aller au village d'à côté, à trente kilomètres. Elle vit avec son chien, qu'elle a recueilli dans la rue. Il adore les caresses. Emmy est une personne très positive et nous avons beaucoup de points communs avec elle. Elle est une source d'inspiration pour moi car elle a une vie palpitante malgré le fait qu'elle travaille. Je pense souvent que le travail est la partie la moins drôle de nos vies, mais pas si celui-ci est stimulant. Cette soirée avec Emmy est un coup de pouce essentiel pour finir les kilomètres qui nous restent à parcourir sur la Trans-Kalahari Highway.

Musique, podcasts, penser, parler, rêver, observer. Tout est bon pour rester motivés sur la route. Nous franchissons la frontière namibienne, et en même temps le cap des 20 000 km pour moi depuis

Paris. Nous passons ensuite deux jours sur la Trans-Kalahari Highway du côté namibien. Cet après-midi là, une voiture s'arrête alors que nous sommes en train de faire une pause. C'est maintenant notre septième jour sur cette route, et il nous en reste encore deux. Nous poussons un portail pour trouver de l'ombre, quand un pick-up s'arrête à côté de nous. La conductrice nous demande si nous avons besoin d'aide. Elle nous a vus depuis la route et se demandait si nous avions un problème. Elle a l'habitude de prendre des autostoppeurs et est toujours ravie d'aider les voyageurs. "Voulez-vous que je vous conduise à Windhoek ?" Martin et moi échangeons un regard d'hésitation. Ce n'est pas comme si nous allions manquer quoique ce soit sur cette route. Mais n'est-ce pas un peu triste de finir ainsi notre voyage ? En même temps, aucun intérêt de pédaler ce bout de chemin. Nous en avons assez, et n'avons rien à prouver à personne. Hélas, les gens qui nous hébergent à Windhoek ne nous attendent pas avant vendredi, donc nous n'avons nulle part où aller avant. La dame nous propose aussi de nous héberger.

Nous acceptons. Ce genre de proposition ne se laisse pas passer. L'idée de dormir confortablement dans un lit après une bonne douche, au lieu de se retrouver à nouveau dans un petit coin à côté de la route, est bien trop tentante. Nous saisissons donc l'opportunité, de façon très spontanée, un peu déçus d'avoir laissé tomber notre objectif.

C'est comme ça que nous faisons la connaissance de Naomi, que l'on considère maintenant comme notre grand-mère namibienne. Naomi, avec ses cheveux gris et son corps corpulent, a beaucoup de caractère. Elle est célibataire, mère de trois enfants. Lorsque nous arrivons dans sa grande et charmante maison avec trois chambres, nous sommes heureux d'être là. "Soit ça vous va, soit vous dégagez", nous dit-elle en rigolant. C'est sa façon à elle de nous accueillir. Nous avions déjà constaté dans la voiture que c'est une femme honnête et très directe. Sa façon de parler ne nous choque plus. Bien que ce soit une femme active et occupée, Naomi prend bien soin de nous. Nous restons trois jours plaisants chez elle, avant d'aller chez nos prochains hôtes.

Ross et J-B sont deux bons amis, la trentaine. Ils vivent dans un bel appartement dans le centre de la ville. Bien que ce soit central, il y a de la place, et nous avons une chambre pour nous. C'est agréable d'être avec des jeunes de notre âge et de pouvoir sortir avec leurs amis. Notre semaine à Windhoek passe vite en leur compagnie. Ils sont déjà devenus des amis. Puis mes parents arrivent en Namibie, le 19 juillet, pour un mois de voyage dans un pays à couper le souffle.

Un mois plus tard, je suis assise à côté de Martin dans l'avion qui nous ramène en Europe. Je n'arrive pas à croire que c'est fini. Nous rentrons à la maison. C'est seulement après le décollage que je commence à le réaliser. Pédaler en Afrique n'a pas été facile, et je pensais être soulagée que ce soit fini. À la place, je me sens complètement vide, et j'ai beaucoup d'inquiétudes en tête. Qu'est-ce que je vais faire maintenant ? Comment vivre une vie normale après un tel voyage ? Comment vais-je me réadapter à une vie occidentale ? Est-ce que je serai heureuse ? Pourquoi est-ce que je rentre ? Tellement de questions, tellement de doutes. J'ai peur. Sûrement plus que d'être à vélo en Afrique. J'ai peur d'être seule à affronter cette épreuve. J'ai peur que personne ne me comprenne. Personne, sauf Martin. Mais que va-t-il se passer maintenant ? Il rentre en Allemagne, moi en France. Allons-nous garder contact ? Allons-nous être là l'un pour l'autre dans les moments difficiles ? Je profite de mes dernières heures à ses côtés, ma tête sur son épaule, ma main dans la sienne. Une chose est sûre, nous avons vécu des moments incroyables ensemble, et il sera toujours unique à mes yeux, peu importe ce qui arrive. Nous avons réussi à voyager huit mois ensemble. Huit mois, jours et nuits. Il y a eu régulièrement des disputes, mais il y a surtout d'innombrables souvenirs, si forts. Comment c'était avant de voyager à deux ? Mes pensées me ramènent à ce jour où je suis partie avec mon vélo, 14 mois et 20 000 kilomètres plus tôt. J'ai vécu, expérimenté et appris tellement que j'ai l'impression que des années se sont écoulées depuis mon départ. Je suis toujours la même, mais avec des yeux différents. Et avec beaucoup de choses à raconter. Par où commencer ? Comment puis-je partager, rien qu'un tout petit peu de ce que j'ai vécu ? J'ai besoin d'écrire. J'ai besoin de mettre tout ça sur papier. Beaucoup de personnes m'ont encouragée à écrire un livre, et je crois enfin que ça a du sens.

C'est comme ça qu'une nouvelle aventure a commencé, cette fois sur une chaise, derrière un ordinateur. Et elle s'achève par ces quelques mots.

REMERCIEMENTS

Je voudrais maintenant prendre le temps de remercier ;

Mes parents, qui m'ont donné la force de poursuivre mes rêves, l'amour du voyage, et qui soutiennent toutes mes folies.

Martin, pour m'avoir supportée en Afrique, pour être encore à mes côtés, et pour croire en moi.

Mon frère Antonin, pour son aide à travers mon voyage en Europe.

Le reste de ma famille qui me soutient malgré leurs inquiétudes.

Selma, pour m'avoir rejoint sur une partie du voyage, et pour ses commentaires pertinents sur le contenu du livre.

Le reste de mes amis pour leur admiration qui m'a motivée dans les moments difficiles.

Tous ceux qui m'ont hébergée ou aidée, pour leur confiance, leurs encouragements, pour avoir ouvert leur porte et pour m'avoir inspirée.

Lise, qui a rendu notre périple africain bien plus confortable.

Zineb et Quentin, pour m'avoir accueillie trois semaines dans leur charmant appartement.

Slobodan, pour son travail sur l'illustration qui fait la première de couverture.

Daniel, qui a passé d'innombrables heures à relire et corriger la version anglaise du livre.

Catherine, pour son sérieux dans la relecture de la longue partie sur l'Afrique.

Fabien, pour son aide précieuse sur la couverture et sur toute la mise en page du livre.

Et tous ceux qui ont fait pour moi une différence. L'aventure et le livre n'auraient rien été sans vous.

Merci.

Groupe CCEE,
49, rue jeu de ballon
Les Tuilleries
13400 Aubagne
https://autres-talents.fr

Achevé d'imprimer en octobre 2019

ISBN : 978-2-9567941-0-3

Dépôt légal octobre 2019

Imprimé en U.E.